手にとるようにNLP
がわかる本

〔日〕加藤圣龙◎著
杨明绮◎译

NLP
心理沟通术

中国友谊出版公司

图书在版编目（CIP）数据

NLP 心理沟通术 /（日）加藤圣龙著；杨明绮译. ——北京：中国友谊出版公司，2022.8
ISBN 978-7-5057-5497-3

Ⅰ.①N… Ⅱ.①加… ②杨… Ⅲ.①人际关系学—通俗读物 Ⅳ.① C912.11-49

中国版本图书馆 CIP 数据核字 (2022) 第 112211 号

著作权合同登记号　图字：01-2022-0703

TE NI TORUYOUNI NLP GA WAKARU HON
by Seiryu Katoh
Copyright © 2009 Seiryu Katoh
Original Japanese edition published by KANKI PUBLISHING INC.
All rights reserved
Chinese (in Simplified character only) translation rights arranged with
KANKI PUBLISHING INC. through Bardon-Chinese Media Agency, Taipei.

书名	NLP 心理沟通术
作者	［日］加藤圣龙
译者	杨明绮
出版	中国友谊出版公司
发行	中国友谊出版公司
经销	新华书店
印刷	天津画中画印刷有限公司
规格	880×1230 毫米　32 开 7 印张　137 千字
版次	2022 年 8 月第 1 版
印次	2022 年 8 月第 1 次印刷
书号	ISBN 978-7-5057-5497-3
定价	49.80 元
地址	北京市朝阳区西坝河南里 17 号楼
邮编	100028
电话	(010) 64678009

推荐序

我和圣龙先生虽然说着不同的语言,但从初次见面,我就和他有种老朋友般的熟悉感。他是一位充满创意的人,也非常有趣,幽默感十足,拥有独特的灵魂。他总能以不同的方法与角度观察事物,即使面对再复杂的问题,也能找出最简单的解决方法。

本书对想学习NLP、力求精进的人而言,绝对是不可或缺的。如果阅读本书并亲身实践的话,相信你的人生一定会有想象不到的丰厚收获。

我与NLP创始者之一的理查德·班德勒(Richard Bandler)博士一起写了一本关于NLP的著作——《对话》(*Conversations*),也拜读过许多关于NLP的著作。从理查德博士身上,我学习到使用NLP能够更纯粹、更简单地看待事物。

你手上的这本书,就是秉持着这一原则完成的。它不但能教你用更简单的方法学习事物,也能教你许多好用的技巧。运用NLP技巧处理事情往往能够立即见效。

其实,真正能够传达NLP内涵的著作并不多。圣龙先生以他诚挚的热情、毋庸置疑的实力完成了这本著作。他对推广NLP

有着不可忽视的贡献,我很荣幸能和圣龙先生共事。想要了解NLP,本书绝对是最好的选择之一。

美国 NLP 协会认定的高级执行师
欧文·菲茨帕特里(Owen Fitzpatrick)

前　言

常听到有人说："NLP不是很难懂吗？"

NLP是一门沟通技巧，对职场和专业心理治疗而言非常有帮助，但它不是那么简单就能掌握和运用的。真的是这样吗？

其实不然，它非常简单。之所以会有这种错误的认知，是因为有太多人把NLP形容成了深藏在迷宫中的武林秘籍，认为它艰涩难懂。

在NLP中，最重要的东西是什么？是理论、技巧还是爱？这些都是正确答案，却又都不是正确答案。实际上，最重要的是能不能发挥效用。

这本书以最简单的方式荟萃了NLP的所有精髓，我尽可能以最通俗易懂的说明方式来呈现。虽然有些内容可能你从未看过，但完全不用担心读不懂。

阅读本书能让你逐渐了解什么是NLP，发现新的自我，拓展自己的潜能与价值观，更了解别人的想法，使人际关系变得更融洽。它还能帮助你活得有意义，构建自己想要的人生。

诚心建议你不妨参加相关的课程和研习活动体验一下，保证能让你看见蜕变得更美好的自己。

感谢为本书写推荐序的顶尖NLP高级执行师欧文先生,我从没遇过像他那样开朗又热情的爱尔兰人。他致力于将NLP推广至世界各地,令人从心底里钦佩不已。

谢谢能干又温柔的梶原麻衣子小姐。

由衷地感谢教导我认识NLP的恩师、我的好友白石由利奈小姐。她身为美国NLP协会日本事务局代表,给予了我许多宝贵的建议。她的脸上总是挂着笑容,是一位非常棒的前辈。

我还要感谢所有和我的人生有交集的人,以及阅读本书的你。祝福你永远幸福,活出真正的自我,也衷心期待有一天能与你见面。

美国NLP协会认定的执行师

加藤圣龙

目录
CONTENTS

第1章 初步认识NLP

NLP的意义——让人生更美好 / 003

NLP的起源——由心理治疗大师研究的沟通工具 / 005

N、L、P之间的关系 / 007

大脑无法区分想象与现实 / 009

意识很难同时捕捉多种信息 / 011

大脑无法理解否定句 / 013

语言蕴含着强大的力量 / 015

NLP的世界里没有"失败"两个字 / 017

你拥有的资源比想象的要多 / 019

地图不等于实际疆域 / 021

NLP的四个学习阶段 / 023

把自己放在第一位 / 025

想象期望中的自己，明确目标 / 027

第2章 沟通不良的原因

倾听对方说的话,促成沟通零距离 / 031

沟通中九成信息都来自非语言 / 033

语言会删除信息 / 035

每个人接收的信息都不同 / 037

主观意识会扭曲接收的信息 / 039

以一般化的心态看待事物 / 041

信赖关系是沟通的基本条件 / 043

学会提问与确认,让沟通更顺利 / 045

沟通的意义在于对方的回应 / 048

第3章 增进彼此的关系

建立良好的关系 051

运用五感观察对方——度测 / 053

配合对方的节奏——跟随 / 057

重复对方的话,让对方安心——复诵 / 061

表情要配合谈话的内容 / 063

引导对方朝期望的方向成长——导引 / 065

第4章 了解沟通的习惯

三种优位感觉倾向 / 071

优位感觉的差异:每个人感受的地方都不同 / 073

视觉优位的人的沟通倾向 / 075

听觉优位的人的沟通倾向 / 077

触觉优位的人的沟通倾向 / 079

了解自己的 VAK 倾向 / 081

配合对方的 VAK 进行沟通 / 083

扩展对方的想象空间 / 085

从视线移动方向了解对方的想法——视线解读 / 087

视线向上移动,表示正处于视觉状态 / 089

视线水平移动,表示正处于听觉状态 / 091

视线向下移动,表示处于触觉状态或有心理活动 / 093

第5章 成为沟通高手

包容对方的缺点 / 097

改变观点才能更灵活地应对状况——换框法 / 099

环境换框法与意义换框法 / 101

想走出创伤经历,换框法可以帮助你 / 104

活用换框法,让人际关系更融洽 / 105

面对有压迫感的人,试着改变印象 / 107

第6章 帮助对方成长

突破限制性信念 / 111

突破限制性信念的有效提问法——后设模式 / 113

后设模式一：找回被省略的信息 / 115

后设模式二：找回被扭曲的信息 / 118

后设模式三：还原被一般化的信息 / 121

引导对方积极成长的对话方式——米尔顿模式 / 123

米尔顿模式一：违反后设模式与前提 / 125

米尔顿模式二：跟随 / 129

米尔顿模式三：间接诱导 / 131

米尔顿模式四：连接词、附加疑问词、双绑法则 / 135

米尔顿模式五：催眠诱导 / 138

米尔顿模式六：隐喻 / 140

改变捕捉事物信息的范围——上推下切法 / 142

第7章 ▶ 与自我沟通

找回最初的自己 / 149

改变对困难的印象 / 151

模仿成功人士 / 153

启动开关，瞬间进入理想状态——设定心锚 / 156

设定心锚的要点 / 158

唤醒特定资源——身心资源状态心锚 / 160

瞬间进入多种理想状态的方法——重叠心锚 / 162

强化心锚的方法——滑动心锚 / 164

按照顺序启动心锚的方法——连动心锚 / 166

利用空间设定心锚——空间心锚 / 169

以积极的状态克服消极的状态——折叠心锚 / 172

利用想象找到解决方法——视觉心锚 / 174

将不良状态与理想状态相交换——闪变模式 / 176

理解第三者的立场和观点——改变立场 / 178

如何与自己的身体部位对话 / 182

倾听内心批判的声音 / 184

以感谢之心告别坏习惯——六阶段换框法 / 186

以现在的自己为中心，设定过去与未来 / 189

想象未来的自己如何行动——模拟未来 / 194

消除"恐惧症" / 196

灵活运用 NLP / 198

NLP 术语一览表 / 200

第1章 初步认识NLP

什么是NLP？NLP起源于哪里？其基本的思考模式是什么？本章将详述这门实用的沟通心理学。

NLP的意义——让人生更美好

为人生增添色彩

你是否有感到气馁、不安的时候？比如：面对一堆不得不完成的工作，却怎么也提不起劲；因为个人的失误，需要向客户赔礼道歉；担心明天的企划报告能否顺利通过；一直被过往羁绊；对未来感到迷惘不安；担心能否照着自己所期望的人生道路走下去；等等。

这时，你不妨塞一颗"能将情绪与行动结合起来，有着各种颜色的糖果"，让心情变好吧！

NLP就好比一个盛满这种糖果的糖罐，它不只可以用于解决个人烦恼，对于人生的成功与幸福这样重大的目标，它也是能将你引导至更好的方向与结果的指南针。当然，掌握人生之舵的人非你莫属。

NLP是以心理学与语言学为基础释放人的心灵、让人生变得更美好的工具，也是一种系统化的、实用的沟通心理学。

组合五感与语言的程序

NLP是"neuro linguistic programming"的缩写，称为"神经语言程序学"。

"N"就是"neuro",指大脑的运作,意思就是我们用五感(视觉、听觉、触觉、嗅觉和味觉)来感受、思考。

"L"是"linguistic",也就是语言。它包括我们平常所说的话,还包括非语言。所谓非语言,是指我们的表情、动作、姿势、呼吸和声调等。

"P"的意思是"programming",指存在于我们大脑中的行为与情绪,也就是日常行动所组成的习惯性程序。

所以,NLP着眼于将原本的状况向更好的方向转变,根据人的五感、语言以及对事物和经历的体验在大脑中建立相应的行为程序,从而决定和影响人的行为,帮助人达到理想的目标。

因为NLP的程序可以随意改写和更新,所以能够引导我们实现理想的目标,激发自我潜能。

NLP有许多思考模式和技巧,它的目标是帮助人们找到通往幸福、成功的人生之路。

NLP的起源——由心理治疗大师研究的沟通工具

对三位心理治疗大师的研究

NLP起源于20世纪70年代中期的美国，是由加州大学圣塔科斯分校语言学系副教授约翰·格林德（John Grinder）和同校研究心理学与数学的专家理查德·班德勒共同创立的。这两位创始者可以被称为"NLP之父"。

班德勒与格林德当时对发明完形疗法的弗里茨·珀尔斯（Fritz Perls）、主张家族疗法的维吉尼亚·萨提亚（Virginia Satir）和推行催眠疗法的米尔顿·埃里克森（Milton Erickson）三位大师级人物的治疗方式十分感兴趣。于是，两人录下大师们进行心理治疗的过程，仔细观察和分析他们的语言模式、姿势、音调，以及患者的反应等。从三位大师截然不同的治疗方式中，他们发现了一种对治疗最有效的"共通类型"。

接着，两人便开始着手研究和学习这个共通类型，并找到了能够大幅缩短治疗时间的方法，之后又将此类型系统化。这就是NLP的起源。

NLP首先用于治疗罹患PTSD（创伤后应激障碍）的越战退伍军人，让人没想到的是，不但多年来困扰他们的恐慌等症状得到了大幅改善，连他们的病情也成功地控制到了一定程度。

从心理治疗扩展至沟通领域

到了20世纪80年代，NLP从心理治疗研究层面扩展至沟通领域，成为全方位的沟通工具，广泛应用于医疗、激发个人潜能、体能训练甚至教育等领域。

日本1990年后正式引入NLP，目前像资格认证团体、咨询类团体、潜能开发中心等都开设了NLP的相关讲座。

三位大师级的心理治疗师

弗里茨·珀尔斯
【完形疗法】
指不让自己被过去与未来束缚，以促进心理健康为目标的治疗方法，通过表达喜怒哀乐的情绪正视内心真正的自我。

维吉尼亚·萨提亚
【家族疗法】
一个家族中有人生病，不单是病患本身出了问题，其实也代表整个家族出了问题，所以要从中找出引发问题的根源。这种治疗方法认为治疗心病不能只从患者本人下手，必须同步研究患者周围的环境。

米尔顿·埃里克森
【催眠疗法】
指通过催眠的方式将平常潜藏于内心深处、不会表现出来的情绪逐步引导出来的治疗方法，借此发现不一样的自己。

N、L、P之间的关系

怎样通过大脑表达事物

通过大脑的运作，我们才能自由地表达。那么，大脑要经过什么样的过程，才能让我们将事情用自己的语言表达出来，达到沟通的目的呢？

可想而知，大部分人都不会意识到这一点。为什么？因为我们的大脑是以全速自动的方式完成这个过程的。也就是说，这个过程是在无意识的状态下进行的。大脑在无意识的状态下理解一件事，然后用语言表达出来。

请回答下边插图画的是什么？

没错，答案是"熊猫"。

为什么你能迅速地回答出"熊猫"？试着探究这个过程吧。

用语言表达事物的过程

1. 首先要看插图。这一步使用的是五感（N）中的视觉。

2. 接着要通过自己已有的体验或经历，将一切化为脑海中的程序（P），判断得出"熊猫"这个答案。

3. 最后再转化为语言（L）说出口。

我们就是像这样无意识地使用"N（五感）""L（语言）""P（程序）"理解事情并将其用语言表达出来。

通过经历建立程序

那么，我们在行动时所拥有的程序又是如何建立的呢？

有些人因为小时候被狗咬过，所以长大后会下意识地怕狗、不敢接近狗。这是因为有过去被咬的经历，所以对狗建立了"狗会咬人，所以不能接近"的程序。

虽然行为不是出于本能，但大脑会学习察觉危险，进而做出回避的行为。比如，刚出生的婴儿不怕利刃，但大一点的孩子会感到害怕，就是因为孩子在成长过程中有相应的经历。

因此，大脑会通过五感从经历中学习，建立程序。

大脑无法区分想象与现实

"总是误会"的大脑

NLP是利用大脑的本能系统来开发自我潜能，让人生更美好的一种技巧。所以，先了解大脑的系统，才能更深入了解NLP。

试着想象与喜欢的人坐在高档餐厅里共进晚餐的情景：两人一边含情脉脉地注视着彼此，一边享用美食。一想到这样的画面，你会不自觉地傻笑、流口水，是吧？

你会有这种反应，其实是因为大脑"误会"了，它无法区分现实和想象。不管脑子里描绘的是想象还是现实，大脑都会使用同样的神经回路进行处理，然后向各部位发号施令。

光是想象享用美食，我们便会分泌唾液；光是想着喜欢的人，就会露出恍惚的神情。这些都是因为大脑"误会"引起的。

对大脑而言，不管是想起某种体验还是想象做某件事，都会和实际经历进行相同的运作。所以，对大脑而言，想象和现实并没有什么分别。

利用大脑"模拟未来"

利用大脑的"误会系统"，你可以"模拟未来"。

那么，该怎么模拟未来呢？

很简单，只要想象你所期望的未来即可。大脑误会系统的运作，能够将你所期望的未来具象地输入大脑。

如果你的目标是开家咖啡馆，不妨试着想象：店要开在哪里、招牌怎么设计、经营理念是什么、店要给人什么样的感觉，还有工作人员的服务态度是否亲切，客人的交谈是否愉悦，自己怀着什么样的心情招待客人等。

说得更具体一点，通过这种自由的想象，你感觉自己似乎更接近梦想、更有冲劲，是吧？这就是重点。

你像这样无意识地将想做的事在大脑中具象化，便能鞭策自己努力实现目标。

意识很难同时捕捉多种信息

意识无法"同时兼顾"

若有人问"你现在看到了什么",我们可以一边确认眼前看到的东西,一边回答。像这样边看、边听、边感受,直接处理五感所得到的信息,就称为"意识"。

比如,有人问你:"第三喜欢吃的食物是什么?"你会按照顺序思考"第一喜欢吃红烧肉,第二是生鱼片,第三是……",当你在思考怎么回答这个问题时,是无法同时思考其他事情的。

意识是无法同时捕捉太多信息的,因为在我们利用意识捕捉事物的信息时,比较容易集中注意力,并做出相应的行为。

"情人眼里出西施"的道理

周围的人再多,眼里只有自己钟情的对象,满脑子只想着对方,相信不少人都有过这样的体验。

其实有这样的感觉,一点都不奇怪。眼里只容得下自己喜欢(意识到)的人,是理所当然的。

意识只会在意自己关注的事物

因为无法一下捕捉太多信息,所以意识会聚焦于想捕捉的事物上。

应该说，人只会在意自己关注的事物。

你专心工作时，根本不会在意周围人敲键盘的声音，也不会对空调发出的噪声感到烦躁。

相反，你的注意力分散而无法专心工作时，就很在意周围环境中的声音。也就是说，之所以无法专心工作，是因为你的意识在关注键盘和空调的声音。

大脑无法理解否定句

以下是在某企业开讲座的讲师 N 博士与一位进公司已经 3 年却总是改不掉迟到毛病的 L 先生的对话。

N 博士:"(讲座课程结束后)因为你今天迟到了,没听到前半段所讲的提升业绩的技巧,所以我现在再讲解一下。首先,告诉你一个秘密数字。"

L 先生:"真的吗?谢谢!"

N 博士:"这个数字是 137。记住喽,是 137。"

L 先生:"好的。那要怎么灵活运用这个数字呢?"

N 博士:"忘掉这个数字。"

L 先生:"忘掉?什么意思?"

N 博士:"总之,忘掉就对了。绝对不能记住 137 这个数字哦!"

L 先生:"可是博士一直反复说这个数字,反而给我加深了印象。"

N 博士:"很好,你注意到重点了。就算别人叫我们'不要……',我们的大脑也无法理解。不管我有没有叫你记住这个数字,你都已经牢牢地记住了。"

L 先生:"我还是不太懂您的意思。"

N博士:"你每天都会想'上班不能迟到'或'得勤快点做事,才不会挨领导骂',是吧?"

L先生:"是的,的确如此。"

N博士:"但你还是经常迟到,这是因为你把焦点放在'不能'之后的部分,而不是'不能'的部分。今后不妨试着以肯定句来思考,比如,'准时上班','工作是为了满足顾客的需求'。这么一来,你的业绩一定会提升。"

我们的大脑无法理解否定句,也许用"无法想象"来形容比较适合。如果让你"不要想象白色与粉红色的熊猫",你的大脑也会自动想象"白色与粉红色的熊猫",因此以"不能……"或"××不太好"来表达的话,大脑反而会记住否定词之后和"××"的部分。

因为NLP是针对大脑最直接的反应进行灵活运用,所以在使用时应以肯定的语气表达。此外也要注意,大脑会在无意识中对负面话语做出反应。

语言蕴含着强大的力量

语言能够改变现实

我们平常在无意中说出口的话，其实蕴含着力量。举例来说，拿着医生什么也没说明的处方笺服药和经过医生仔细说明、交代后服药，两者的效果是有差别的。既然服用的都是同样的药，为什么还会出现差异呢？

原因就在于"语言的力量"。

一如前述，大脑无法一下捕捉太多的信息，因此人会特别注意对方说的话。听了医生讲的话后，病人大脑的"误会系统"会擅自模拟未来，想象自己喝了药之后症状缓解的样子，心情也会变得愉悦。于是这种反应便扩及全身，产生明显的效果。

一个人觉得悲伤、沮丧时，对于"你真的好可怜哦！一定觉得很沮丧吧"和"没事啦！一定会雨过天晴的"这两种安慰的话语，大脑的感受是完全不一样的。

不同的表达方式能够影响对方的想法，甚至改变事实，这就是语言的力量。

语言的力量也能在自己身上发挥作用

语言的力量不仅可用于与他人沟通，也能在自己身上发挥作用。

法国心理治疗学家埃米尔·库埃（Emile Coue）通过自我暗示的治疗方式，即每天在心里反复地告诉自己"我的一切都会变得越来越好"，成功治愈了许多患者。

另外，不只在心灵层面，语言的力量在治疗身体病症方面也很有效果。

人体有60兆个细胞来接收语言的刺激。因此，时常对自己说些正面积极、激发潜能、对未来充满期待的"魔法语言"，也能帮我们快速走向成功。

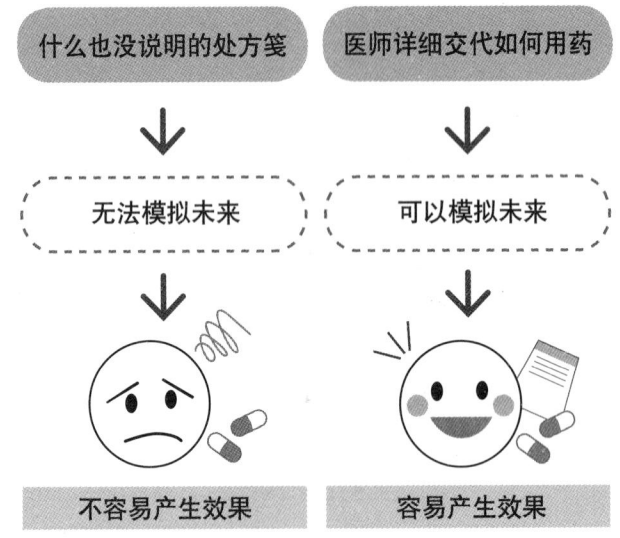

NLP 的世界里没有"失败"两个字

让所有行为"成功化"

"今天谈的不是很顺利""为什么这个问题总是无法解决"……也许不少人觉得自己是在反复失败中度过了每一天。但在 NLP 的世界中,是没有"失败"这两个字的。

"今天又睡过头了"不妨试着转换成"今天睡过头了"。先不论睡过头是不是自己所期望的行为,基本上,让所有行为"成功化"就对了。如果将所有的行为成功化,那么结果也会慢慢向成功发展。

在这里,将行为引导至结果的程序是策略(strategy)。为了达到更符合我们期望的结果,拟定策略是很重要的。

想成功，你需要"回应"

在 NLP 中，对于所有的行为、习惯与情绪，我们要保持积极的心态。

面对失败时，不妨先吸取它产生的正面积极的作用，再来思考如何改正。这时你要做的就是"回应"（feedback）。回应不只是反省，也要思考如何更好地行动。

回应不限次数。如果不管怎么回应，我们都无法达到自己想要的结果，那再尝试其他方法就行了。

什么是策略？

我们平常会无意识地处理各种信息。大脑处理信息的过程好比做蛋糕：先准备好各种材料，再按照顺序混合材料。要是没有按部就班地做，就无法做出美味的蛋糕。一旦顺序弄错，便会得到不一样的结果。

大脑也是如此。如果处理信息的顺序弄错的话，就会导致结果有很大的差异。大脑按照顺序处理信息的过程，便是"策略"。

你拥有的资源比想象的要多

资源是协助我们达成目标的推手

在NLP中,为了达成目标所需要具备的条件,统称为"资源"(resource)。体能、经验、技术、时间、金钱和人脉等,都是资源。另外,像"信守承诺""酒量好""对电影很有研究"等个人特质也是资源。"在小学运动会上全力以赴"或"去游乐园玩得很尽兴"等过往经历也算资源。

你应该听过梅特林克的知名童话故事《青鸟》吧?两个小孩四处寻找幸福的青鸟,却没想到青鸟就在自己家里。这是在说,我们应该充分了解自己过去曾经取得的成果,不要忽视身边的资源。

关于这一部分,我在后面说明NLP的技巧时会再做介绍。总之,善用资源,在必要情况使用,是很重要的。

NLP可以创造有用的资源

想象自己实现了目标是什么感觉,又是什么样的场景?

若能巨细无遗地想象近乎真实场景的话,就表示你已经拥有了所有必备的资源。

你所拥有的资源范例

* 有责任感
* 口才很好
* 个性积极
* 喜欢照顾别人
* 笑容灿烂
* 有冷静的判断力
* 擅长搜集信息
* 幽默感十足
* 手很灵巧
* 身怀绝技
* 有尊敬的前辈
* 有敏锐的时尚感
* 酒量好
* 对电影很有研究
* 信守承诺
* 了解自己的弱点
* 有领导能力
* 废寝忘食地看书
* 有擅长画画的朋友
* 活动筋骨，身心舒畅
* 去游乐园玩得很尽兴

相反，如果你觉得自己拥有的资源还不够，除了运用NLP的技巧扩增原有的资源，你还可以将别人身上的资源变成自己的资源。

地图不等于实际疆域

我们用既有的"地图"来看待世界

我们会使用各式各样的地图前往想要去的地方,地图是帮助我们抵达目的地的重要工具。

然而,显示在地图上的只是个记号,和实际是有差距的。我们可以在地图上寻找东京铁塔,却无法在地图上真正触摸它。

就像地图一样,我们透过自己的主观意识眺望这个世界,用个人的主观记号来记忆身边的事物和自己的体验、经历。

举例来说,看到同一只兔子,A 觉得"好可爱",B 觉得"很柔软",C 则觉得"看起来好好吃"。

所以,即使面对同样的事情、事实或体验,每个人的认知和思考模式也是不一样的。

了解别人的"地图",自己也能成长

一如前述,我们都带着自己的主观"地图"游走于世界。如果有两个寻宝的人,一个人带着只有距离正确的藏宝图,另一个人则带着只有方向正确的藏宝图,结果会如何呢?恐怕两个人都很难找到宝藏吧。

把这里的宝藏视为沟通的话,在寻宝的过程中,首先要注意自己和他人都带着"地图",然后彼此通过共享地图体会对方的想法,建立起最初的沟通。

NLP可以帮助我们带着自己的地图了解对方。通过了解对方的地图,我们一边扩大自己的地图、增加地图的种类,一边更新地图,激发自我潜能,促使人际关系更融洽。

地图不等于实际疆域

即使看的是同一个事物,三个人的认知与看法也不相同。我们看到的往往不是事物的本质,而是通过个人的主观意识来看待的。

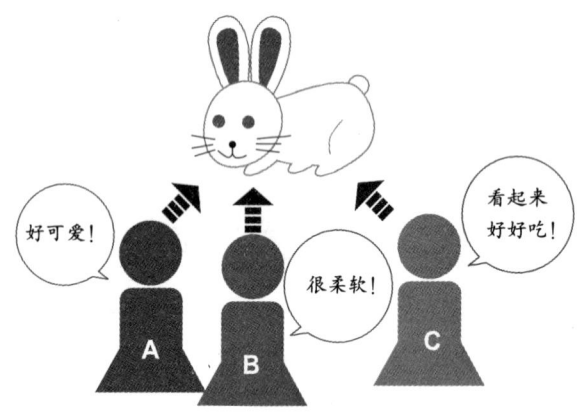

NLP 的四个学习阶段

掌握 NLP 有四个阶段。沿着每一个步骤循序渐进,等到达最后一个阶段时,你的脑子已经能够在无意识中即时反应。

所谓四个阶段,就是"无意识地不做","有意识地不做","有意识地做","无意识地做"。

在这里,我以"有个叫 P 的原始人来到现代学习怎么用剪刀"为例,来说明这四个阶段。

● 第一阶段:"无意识地不做"

原始人 P 连剪刀都没见过,也不知道什么是剪刀。

这是掌握 NLP 之前的阶段。处在这个阶段的人,根本没听过 NLP,连 NLP 是什么都不知道,当然也不可能运用 NLP。

● 第二阶段:"有意识地不做"

原始人 P 虽然知道剪刀,但不清楚它的用途,也不知道怎么使用。

处在这个阶段的人知道 NLP,但还不是很清楚,也不知道该如何运用。

● 第三阶段:"有意识地做"

这时已经学到了某种程度。原始人 P 知道怎么使用剪刀,但还没办法用剪刀剪出自己想要的形状。学到这个阶段的人可以下意识地运用NLP，但还没办法灵活运用，必须边思考边运用技巧。

●**第四阶段："无意识地做"**

学到这个阶段，原始人P已经可以一边与他人交谈，一边随心所欲地剪出各种形状，成了剪纸高手。

这是在学习中不断累积经验、达到灵活运用的阶段。学到这个阶段的人，可以说对NLP已经十分熟练，不需要刻意思考NLP的技巧，就能随心所欲地运用。

四大学习阶段

学习NLP的过程有四大阶段，通过反复的练习与回应，自己要逐渐做到无意识地灵活运用。

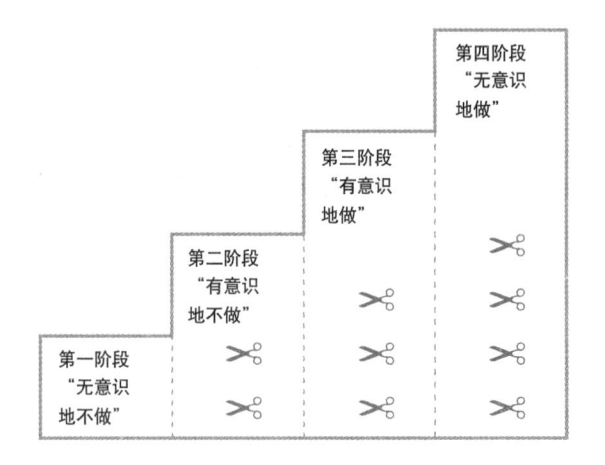

第一阶段"无意识地不做"
第二阶段"有意识地不做"
第三阶段"有意识地做"
第四阶段"无意识地做"

把自己放在第一位

随时把自己放在第一位

NLP 的技巧不但适用于提升自己，也可以套用在别人身上。

因此，当你面对执拗的人时，不要总想着改变对方的想法。与其改变对方，不如改变自己的态度。只要你不再觉得对方执拗，对待对方的态度也会变得不同。让对方感受到你的态度已改变，彼此的关系也会随之改变。总之，随时把自己放在第一位就对了。

处理事情也是如此。比如，因为某人传达了错误的信息而忽略了顾客的要求，结果被生气的顾客投诉时，我们不要总想着是谁的错，而要思考自己现在该怎么处理，意识到主体是自己。

你是当事者，也是旁观者

前面的内容已经说明了把自己放在第一位的重要性，其实身为主体的自己有两个角色，一个是当事者，另一个是旁观者。

试着想象自己坐在过山车上，在半空中呼啸飞驰的感觉。或者看着自己乘坐过山车时所拍下的照片，想象当时的感觉。

前者是以当事者的身份想象，后者则是以旁观者的身份想象当时的感觉。

如果我们是当事者，便能回味那时乘坐的感受，比如感觉很爽、很刺激等。

如果我们是旁观者,因为看的是照片,便无法切身体会当时乘坐的感受。

我们习惯以当事者的立场来看待愉快的记忆;相反,面对不愉快的回忆,我们会以旁观者的立场来看待,如此才能减轻不愉快的感觉。

当事者与旁观者

我们同时拥有当事者与旁观者两种身份,对事物的感受与看法也不一样。

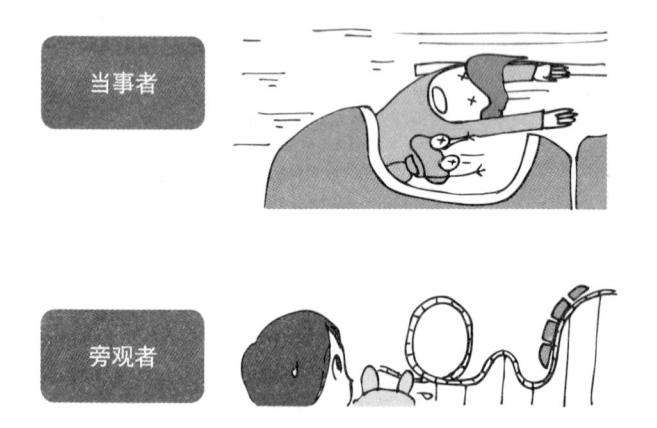

当事者

旁观者

想象期望中的自己，明确目标

具体地想象目标

确立目标是很重要的，它不仅要用语言表达出来，而且要具体地想象出来。

比如，不是只想着"我要变瘦"，而要使用五感，想象自己在春天到来之前成功减掉10斤，穿着漂亮的衣服与心仪的人一起愉快聊天的场景。

设定目标时需要具备的条件

设定目标时，有几个条件：

● **使用正面含义的语句。**

表达目标一定要用有正面含义的语句。不要使用"最好别做……"之类的负面语句。举个例子，"想消除疲劳"和"想变得有活力"这两句话或许听起来感觉一样，但其实呈现出来的效果大不相同，因为后者是用正面语句表达的。

● **实现目标的主体是"我"。**

达成目标的主语，一定是"我"。比如，"我希望领导的情绪能够平静一点"，主语是"我"，而不是"我"以外的人或事物。

●**用五感想象并设立目标。**

用五感在脑海中想象达成目标的场景。

●**考虑外在环境。**

设立目标时,我们必须将亲朋好友和同事等周围人的情况以及外在环境条件等因素一并考虑。此外,也要考虑达成目标时与周围的关系是否会发生改变,自己是否会觉得不舒服,等等。

●**保留想要改变的行为的积极因素。**

一如前述,所有行为都有积极的作用,因此你想要改变的行为肯定也有好的地方。

比如说,你想要戒烟,不妨先想一下抽烟的好处,并将这个好处保留下来。若抽烟的好处是放松身心,那么你就要想好戒烟后通过什么方式来放松身心。

总之,目标最好具备使用正面语句、由"我"设定并实现、用五感想象并尝试、考虑外在环境、保留想要改变的行为的积极因素五大条件。在 NLP 中,这称为"最完整的目标"。

第 2 章
沟通不良的原因

为什么有人总是听不懂对方在说什么？沟通出现问题是有原因的，本章将从沟通的特点中找出真正的原因。

倾听对方说的话，促成沟通零距离

口才好的人也是个好听众

与别人交谈时总是不知道要说些什么，气氛顿时变得很尴尬；好不容易有机会和心仪的人聊天，却紧张得半天说不出话来……你应该也有过这种经历吧？

提到口才好的人，也许你的脑海中会出现一个说相声的人，他永远有讲不完的有趣故事，总是一副口若悬河的模样。

话题丰富很容易吸引别人的注意，这是一种说话技巧。但一直说个不停也不合适，除了口才好以外，我们也要懂得当个好听众。

沟通时，仔细聆听对方在说些什么，根据对方说的内容来回答，双方就可以在交谈中建立信赖关系。

所以，真正口才好的人不但擅于表达，更善于倾听。

如何做到沟通零距离

如何才能做到沟通零距离？这里有个简单的方法：回想自己与关系好的人交谈时的情景。

当你与关系好的人交谈时，你的状态是什么样的：

◎身体姿势

◎做出的动作

◎说话的节奏和音调

◎呼吸的节奏

◎想法和态度

◎话题内容

◎心情

你是不是发现自己沟通时的表现不知不觉就会固定在一个模式?

彼此聊得来是良好沟通的条件之一。你会发自内心地对对方的事感兴趣,自然地附和,针对对方所说的内容提出问题。如此一来,你不但很会"说"话,也很会"听"话。

懂得配合对方与倾听,才能达到沟通零距离

倾听不只是听对方说什么,也要对对方的经历产生好奇。除了言语上的沟通,只有接受对方的想法,才能让对方敞开心房、打开话匣。

接下来我将逐一说明具体的沟通方法,但最重要的是,一定要先懂得配合对方、倾听对方,这样才能做到沟通零距离。

沟通中九成信息都来自非语言

来自非语言的信息更重要

当看到电视上正在播放体育选手拿到冠军而流泪、比出胜利手势的画面时，我们可以感受到他们既兴奋又感激的心情。尽管我们与他们来自不同的国家，说不同的语言，但我们也能通过动作和表情了解他们的心情。

与人交谈也是如此。用撒娇的声音说"我爱你"，远比用播报新闻的口吻说"我爱你"更让人心动，不是吗？

其实在平常沟通时，我们更多地从表情、动作、语调和声音等非语言的因素获得信息。

一般讲述沟通的相关书籍都会提到美国心理学家阿尔伯特·麦拉宾（Albert Mehrabian）提出的麦拉宾法则，即"沟通是由7%的言语、38%的语音语调、55%的肢体表情和动作构成的"。不过，因为这个法则是针对表情和声音所做的统计，所以数据缺乏可信度，后来麦拉宾自己也否定了这个法则。但是，沟通时非语言的因素十分重要，这一点是毋庸置疑的。

理查德·班德勒曾说："沟通中有九成的信息来自'非语言'，一成来自'语言'。"

眼神交流与点头是沟通的润滑剂

我想你应该已经了解了非语言信息对沟通的影响。在倾听别人说话时,若能给对方释放一些积极的信号,便能让他更乐于与你沟通。

点头便是一种信号,直接影响沟通是否顺利。

眼神交流也很重要。就算没有回应,只要对方知道你在看着他、在朝他点头,就会明白你确实在听他说话,那他就会觉得很安心。

有人说,沟通就像两个人在玩投球和接球的游戏,点头和眼神交流能让球更有弹力。

接下来,我会说明在交流中让对方安心和导引对方情绪的方法。总之,一定要记得运用点头和眼神交流,让沟通更顺利。

> **非语言是心的镜子**
>
> 我们常说"感觉整颗心都温暖起来了"或"感觉心好痛",其实我们根本看不见自己的心,也触摸不到它。然而,非语言却能反映我们的内心。就算什么也没说,只是露出温柔的笑容,交流的双方也能达到心灵相通的境界,因此,非语言可以说是面"心镜"。

语言会删除信息

语言是体验的"删除符号"

如果你问昨天吃过咖喱饭的人"昨天你吃了什么",大部分人都会简单回答"咖喱饭"。

这样的回答其实删除了许多信息。比如,除了咖喱饭之外还吃了什么,咖喱饭里放了什么,什么口味的咖喱饭,等等。

通过想象和已有的体验,我们将大脑中的想法用语言表达出来。

在"昨天你吃了什么?"这个问题中,问题的信息涵盖了昨天几点吃、和谁吃、在哪里吃以及是否美味等。然而,对方用语言进行表达后,并没有说明这些信息,也没有用其他方式传达给提问的人。

用语言描述体验的过程

虽然你的某项体验涵盖了许多信息,但语言只能表达出一部分。因此,在沟通时,许多信息往往会被删除(省略)。

这么一来,沟通就出现了问题:我们无法顺利将想法传达给对方,也很难理解对方想表达的意思。

下图便说明了用语言描述体验的过程。

信息被删除，导致沟通不良

因为语言只能传达一小部分体验，所以我们在沟通时，大部分信息都会被删除，这就是沟通不良的原因。

昨天吃了什么？

咖喱饭！

语言
咖喱饭！

体验里所涵盖的信息

* 饭里放了什么？
* 还吃了其他东西吗？
* 昨天几点吃的？
* 在哪里吃的？
* 和谁一起吃的？

虽然金字塔涵盖的是体验的所有内容，但从曲线以上我们可以看到，通过语言表现的部分仅占全部信息的一小部分。因此，如何还原曲线以下被删除的信息，是一项很重要的任务。

每个人接收的信息都不同

即使说同样的话，每个人接收到的信息也不一样

如果你对朋友说"昨天休假，我和女友去看了场电影"，昨天还在上班的朋友回答"真好啊！"那么，朋友那句"真好啊"究竟是指哪件事呢？是指昨天休假，还是和女友去看电影？抑或单纯地指看电影呢？

总之，有好几种答案。所以，虽然得到了一句"真好啊"这样的回应，你也无法理解对方真正的意思。

同时，你没有说"玩得很开心"或"电影很好看"之类的话，因此对方会以"一定玩得很开心"为前提来回答。

在你的朋友中，有人会依据他们自己过去的经历建立"休假时和女友去看电影等于很开心"或"和女友分手很伤心，我不想交女友"的主观看法，一边听你说，一边对照自己的过往经历来回答。

所以，如果你对最近刚和女友分手的朋友传达同样的信息，也许会得到这样的回答："我暂时还不想交女朋友。"

你看，即使说同样的话，每个人所接收的信息也不太一样。

沟通的成果取决于接收到的信息量

上文提到，即使说同样的话，不同的人所接收到的信息和想法也不见得一致。如果你确实想将内容传达给对方,就需要多传递信息。

因此,沟通的成果取决于对方接收的信息量。

即使说同样的话,想法也会因人而异

昨天我和女友去看了场电影。

真好啊!

A的反应

昨天我和女友去看了场电影。

我暂时还不想交女朋友。

B的反应

主观意识会扭曲接收的信息

主观意识会扭曲信息

一如前述,我们往往会根据自己的主观意识来看待世界,然后以歪曲事实的方式来解读。主观的想法总会有偏差,所以导致接收到的信息也会"扭曲"。

比如,"他竟然忘了我的生日,一定是不喜欢我了"就是用"忘记生日就是不喜欢我"的主观意识解读的。

也许对方真的很忙,不小心忘了。又或许是假装忘了,只是想要给当事人一个惊喜。总之,对方并没有说"不喜欢我",只是当事人自己这么认为而已。

价值观影响主观意识

读读小学生写的读后感,你会发现,对于同一本书,每个小朋友的感想都不一样,为什么?

这是因为每个人的出生环境和经历都不相同,价值观自然迥异。价值观会影响人的主观意识,因此,即使看待同一事物,每个人的看法也不尽相同。

究竟是事实还是误会？

大家都知道哥伦布发现的新大陆是美洲，但他一直以为自己到的地方是亚洲。为什么呢？因为他深信自己大脑中既有的常识。

所谓歪曲事实，就是"违背事实，想法偏颇"。其实许多我们深信不疑的事实，只是因为我们单纯地过度相信它们罢了。

主观意识会扭曲信息

为什么会忘了我的生日，难道不喜欢我了吗？

以一般化的心态看待事物

将信息"一般化"

"大家都觉得我是白痴""到处都不景气"这样的句子有一个共同点,那就是以偏概全,这在NLP中被称为"一般化"。

就像我前面所提的两个例子,难道事实真的是这样吗?其实并不是。比如,"我太胖了"这句话,明明没和别人比过,却以偏概全;"只要你够聪明,就会明白",也是以对方不够聪明为前提的一般化表达。

为什么习惯用一般化的表达

明明不是所有的事皆如此,为什么我们常常用一般化来表达?

仔细想想,这是因为有些时候,我们想要征求对方的同意,或太相信自己的看法,甚至缺乏自信。

沟通不良的原因

我们来复习一下导致沟通不良的原因吧。

首先,说话者会出现省略信息(删除)、根据主观意识曲解事实(扭曲)、对可能很小的事情以偏概全(一般化)等情况。也就是说,用语言描述体验会遗漏许多信息、扭曲事实、将信息以偏概全。

我们再来说说沟通不良的后果吧。

在沟通时，倾听者往往会将听到的一些比较抽象的话用自己的方式来理解。可问题是，倾听者不可能和说话者有完全相同的经历，因此，就算说同一句话，如果听的人不同，获取的信息也会不一样。

在 NLP 中，使用提问和确认这两种辅助方法，可以找回彼此交流时漏失的信息，促使双方达成更好的沟通效果。

提问与确认是促使双方良性沟通的辅助方法

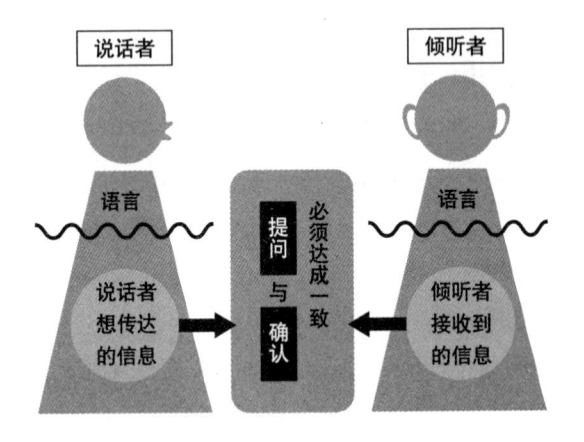

说话者	提问与确认	倾听者
语言	必须达成一致	语言
说话者想传达的信息		倾听者接收到的信息

信赖关系是沟通的基本条件

信赖关系是沟通的基础

我在前面已经说明了辅助沟通的方法，但在沟通中还是有些无法传达的语言。这里的"无法传达"，指的并不是语言不通，而是对方听不进去。

无法传达是件很遗憾的事，唯有拥有"心的护照"，对方才能听进去你说的话。而所谓"心的护照"，就是信赖关系。就像来往各个国家需要护照一样，沟通也需要护照，这个"护照"就是信赖关系。

唯有沟通才能让对方认同自己，这便是沟通的价值。

首先要让对方产生好感

信赖关系的建立并不仅限于亲朋好友，只要用心，你可以和任何人建立信赖关系。

如果你是个业务员，想要和客户保持良好的互动，或想要和领导维持关系，信赖关系绝对是个非常重要的要素。

也许你会觉得"信赖关系"这几个字有些沉重，那么，你可以先让对方对你保持好感——虽然初次见面，却觉得彼此一定能成为朋友，这种感觉就是好感。

我在第三章会介绍一些让对方产生好感的方法。

出国旅行一定要有护照

沟通时，也一定要有"心的护照"

学会提问与确认，让沟通更顺利

灵活提问，找回遗漏的信息

沟通的过程中有各种各样的陷阱。如何才能避免掉入陷阱，享受沟通的乐趣？

答案其实很简单。

沟通之所以出现问题，是因为大脑在用语言表达体验时，往往会将其中包含的信息删除、扭曲、一般化。因此，我们只要探究"被删除的信息是什么""信息怎么被扭曲""如何把信息一般化"就行了。

也就是说，如果想要知道全部信息，只要提问就行了。

我将举例说明如何提问。

N："我现在真的很伤脑筋。"

L："为了什么事伤脑筋啊？"

N："最近我和女朋友的感情出了点问题。"

L："怎么了？"

N："我给她发信息，她都不回。"

L："什么时候的事啊？"

N："自从三天前我们一起吃过饭以后，就没再联系了。"

L:"那时你们相处得怎么样?"

N:"没怎么样啊。"

L:"没怎么样是什么意思?"

N:"就和平常一样啊。"

L:"真的是这样吗?"

N:"啊,对了!那时我们去了一家有点奇怪的店。"

L:"哪里怪?"

N:"在那里需要穿老鼠玩偶服喝酒。"

L:"确实有点怪,那时你女朋友的表情怎么样?"

N:"记不太清了,好像有点不太高兴吧。"

两人异口同声:"啊,原来如此!"

像这样通过提问弄清楚遗漏的信息,还原对方表达的内容,使用的就是后设模式(meta-model),我会在第六章详细说明。使用后设模式,我们便能明确事情的核心,这么一来,当遇到问题时,就知道该如何着手处理了。

提问能够影响对方的注意力

你也许觉得提问没什么效果,是吧?其实,不经意的提问能够左右对方的注意力。

当别人在你做事时提问,你的大脑会怎么反应呢?人的注意力只能专注于一件事,所以当别人在不经意间向你提问时,你的大脑就会立即针对提问的内容，思考该怎么回答。

比如，当你的心里正想着"肚子好饿，晚餐还没好吗"，如果这时突然有人问你"明天几点上班"，那么你的注意力就会瞬间转移到这个问题上，马上回答"8点"。

所以说，提问在沟通中扮演着影响对方注意力的重要角色。

通过确认，让表达和接收的信息达成一致

想要完善听到的信息，除了通过提问的方法，确认说话者真正想传达的内容和倾听者听到的内容是否一致也很重要。

比如："对于你所传达的内容，我听到的是……，没错吧？"像这样与对方交谈，也可以提升沟通的效率。

确认在沟通中很重要

沟通的意义在于对方的回应

沟通的本质意义

NLP 的终极目标，就是通过沟通将对方导引至更好的状态。

一如前述，语言只能传达一小部分我们想传达的信息。所以，如何传达这一小部分信息，让彼此更好地交流，便是沟通的本质意义。

NLP的一个前提,就是"沟通的意义在于你所得到的回应"（The meaning of your communication is response that you get）。通过沟通，我们可以知道对方的反应，了解对方获取了哪些信息。

关注对方的想法

沟通最重要的不是满脑子只想着自己要说什么，而是要想想该怎么做才能增进彼此的了解。

只有关注对方的想法，才能弥补沟通的不足。在沟通时多想想，对方期望的是什么？对方想要的是什么？适时提问，是为了让对方发现问题、解决问题，从而达到他们想要的结果。如果你想成为沟通高手，就一定要做到这一点。

正因为语言只能传达一部分信息，因此 NLP 特别重视大脑的运作和非语言的部分，并建议人们在沟通时要与对方积极互动。

第3章

增进彼此的关系

我们建立良好的互动关系,才能享受沟通的乐趣。本章将介绍几个能够拉近彼此距离的沟通技巧。

建立良好的关系

从亲切感延伸出信赖关系

我在前面提过,沟通是在信赖关系的基础上建立的。那么,如何建立信赖关系呢?

想象一下,你正在和一群年龄各异的人参加讲座,大家都是初次见面。在这种情况下,你会先和什么样的人聊天呢?

大部分人都会先和坐在旁边的人或年纪相仿的同性以及感觉和自己性格相像的人聊天。除了询问名字之外,大家也会询问对方的工作、兴趣爱好等,从中发现彼此的共同点,然后热络地聊起来。你应该或多或少也有这种经历吧?

再试着回想一下,你在参加开学典礼时,放眼全场却看不到一个熟人的情景。这时你可能会和坐在旁边的人聊天,如果身边有同乡的人,应该比较谈得来;或者凭直觉找个与自己性格相像的人,试着与对方交个朋友。

对于和自己有共同点、感觉和自己性格很像的人,人们会天然地萌生一种亲切感,感觉彼此一下子就拉近了距离。

和别具亲切感的人相处,你自然会感觉轻松、安心。这是因为在与他人相处时,你的大脑会无意识地需要一种安全感,并且眷恋这种安全感,而那些人正好满足了你对安全感的需求。

NLP 中的信赖关系

NLP 将信赖关系称为"良好的关系"（rapport），认为它是沟通不可缺少的一环。

rapport 的法文意思是"收益、利益""关系""报告"。起初，奥地利医师弗朗茨·安东·梅斯梅尔（Franz Anton Mesmer）引用它来描述催眠师与被催眠者之间的亲和关系，于是该词便成了心理学的专业术语。后来，奥地利精神分析大师西格蒙德·弗洛伊德（Sigmund Freud）又引用它来描述精神分析学家与咨询者之间的关系，扩大了它的内涵。

你不仅可以和熟悉的人建立良好的关系，也能和初次见面或令你感到难以面对的人建立良好的关系。只要稍微下点功夫，对方便能对你产生亲切感。

接下来我会介绍一些具体的方法。在练习的过程中，它会逐渐成为你无意识做出的行为。

运用五感观察对方——度测

运用度测了解对方

当下属向你请教时,你向他做了一番详细的说明。结果对方嘴上说懂了,却还是歪着头,显出一副不太理解的样子。遇到这种情况,你也许会想:"他真的懂了吗?"再次向对方确认后,再做一次说明。

一如前述,我们不单通过语言传递信息,也能从非语言的渠道得到很多信息。所以,只要注意对方释放的非语言信息,我们便能了解对方无法靠语言传递的想法。

仔细观察对方的姿势和动作,在 NLP 中被称为"度测"(calibration)。

平时与他人交谈时,我们会不自觉地观察对方,并做出适当的回应。大脑有一个特性,容易察觉出我们下意识的动作。

因此,在沟通时,你可以下意识度测一下对方的语言和行为,这样就更容易察觉对方传达的信息。经过反复度测,你便能从对方微妙的动作变化推断出对方的心情。

度测的要点

在度测时,必须一边沟通,一边度测。通过度测,我们会更容易"跟随"(pacing,即配合对方的技巧),也能更深入地了解对方。

灵活地运用五感观察对方，就是所谓的度测。一旦察觉对方的动作和表情发生变化，就说明度测有了效果。

比如，对方的交流兴致本来很高，说话也很大声，但语气突然间发生了变化，表情也变得心神不宁，那么态度骤变就是一个信息。也许对方想换个话题、有事想说，或遇到急事、想结束这段谈话。这时你若能度测的话，便能灵活地应对。

不过，千万不要因为一心想着要仔细观察对方，或要探索对方内心的想法而一直盯着对方，这样会让对方反感。

度测的目的，是为了建立良好的关系，让沟通更顺利。

灵活运用"看""听""感受"

如前面所言，度测时要使用五感，而五感中看、听和感受这三种方式最常使用。接下来，我将分别说明应该如何使用"看""听""感受"来度测。

● "看"的度测

即通过视觉进行度测。在沟通时，你可以注意对方的以下表现：面部表情，倾听时的身体动作，视线的方向，嘴巴的开合幅度，双手的姿势，是否双手交叉抱胸，是否点头，呼吸的节奏，是否眨眼、流汗，等等。

● "听"的度测

即通过听觉进行度测。在沟通时，你可以注意对方的以下表现：说话的声调、语速，说话的节奏、次数，说话内容，回答时的语气，是否叹气，一贯的说话口吻，是否使用拟声词，说"哦""好厉害"等感叹词时的语气，是否有口头禅，等等。

● "感受"的度测

即通过触觉进行度测。在沟通时，你可以注意对方的以下表现：体温，交谈的气氛，（握手时）手的触感，等等。

如何提升度测能力

和伙伴一起做下面的游戏，锻炼一下自己的度测能力吧！

首先，请你的伙伴在心里描绘他喜欢和讨厌的食物。先不要让伙伴说出自己的答案，请他将两种食物都当作自己喜欢的食物，然后说明理由。

比如，喜欢香蕉，那么理由就可以这样说："我最喜欢的食物是香蕉，它是黄色的，吃起来感觉软软的，还有甜甜的味道。"

同样，你也要让伙伴说明为什么"喜欢"讨厌的食物。在伙伴表达理由的同时，你要通过仔细观察对他进行度测。

待理由说完后，你来猜猜哪一个是伙伴喜欢的食物，哪一个是讨厌的食物，同时还要说说自己这么猜测的原因。

最后，请伙伴评价自己的猜测，这时可以询问他现在对两种食物的感觉哪里不一样。

游戏到此便结束了，然后再将两人的角色对调即可。

其实我们很清楚对方的喜好，只是常常通过语言来了解，很少以度测的方式发现罢了。内心的真实想法就算再怎么隐藏，也会有所表露。在上面的游戏中，当对方说明喜欢的食物和讨厌的食物时，仔细观察可以发现面对不同喜好的食物，对方的眼神和说话方式有许多差异。

配合对方的节奏——跟随

什么是"跟随"

我们对于和自己性格相似的人会有种亲切感,也比较容易和他们建立良好的关系,所以在沟通时就会配合他们的身体姿势和说话内容,让对方觉得安心。配合对方在NLP中被称为"跟随",简单地说,就是配合对方的说话节奏来交谈。

我们平常与他人交谈时,会不经意地跟随。比如,业务员和初次见面的客户商谈时,不会贸然介绍自家商品,而是一边询问客户的需求,一边尽可能详细地介绍符合客户需求的商品。此外,我们和小朋友说话时,也会配合他们的视角蹲下身子,语气也会变得比较缓和,甚至模仿小孩子的语气说话,这也是跟随。

"映现"的运用

在沟通中,为了顺利跟随,我们会模仿对方的动作和身体姿势。这时说话的两人就像在照镜子一样,动作十分一致。这在NLP中被称为"映现"(mirroring)。

映现十分简单。比如说,模仿对方双手交叉抱胸、跷二郎腿;对方点头,你也跟着点头;对方摸头发,你也摸头发。不过映现不能运用得太明显,不然会招致对方反感,无法建立良好的关系。

所以，仔细度测对方，才能让自己的动作自然地配合对方。

跟随的要点

虽然跟随是为了打消对方的不信任感，让对方安心，所以才需要尽可能地注意对方的一举一动，但当交谈达到稳定的节奏以后，就不需要继续跟随了，只要顺其自然地交流即可。

跟随成功后，接着实行"导引"，关于这一点，我会在后面的章节详述。所谓导引，就是按照自己的节奏主导谈话内容。当然，这不是说要控制对方，而是给予对方积极的影响，帮助对方朝着他们所期望的目标成长和努力。

这个方法也适用于和一群人交流的场合。比如，当群体的谈话相对沉默时，如果你为了缓解沉闷的气氛突然活跃起来，往往只会把场面弄得尴尬。所以，在这种情况下，首先要做的就是跟随，先想办法配合对方的说话节奏。

跟随的具体做法

具体该如何跟随呢？我再来详细说明一下。

●配合对方的身体姿势

具体来说，就是模仿对方在倾听时不经意间表现出来的身体姿势。比如，看到对方说话时歪着头，你也可以模仿对方不经意地歪着头，或和对方一样把手撑在桌上，等等。这都是很有效的跟随方法。

●配合对方的动作

配合对方的动作也是很有效的跟随方法。比如，看到对方拿起杯子喝水，你也可以跟着拿起杯子喝水。不过这种行为感觉还是有些刻意，倒不如配合对方的手势或者点点头，这些动作比较自然。

此外，沟通时如果遇到习惯抖腿的人，你不妨先伸出一根手指，配合对方抖腿的节奏摇一摇，然后慢慢减小手指的摇动幅度，这样不知不觉就能让对方克制抖腿的习惯。

●配合对方的说话方式

最有效的跟随技巧就是配合对方说话的语调、语速和音调。大部分人都不会注意自己的说话习惯，所以当你在配合对方说话时的节奏和音调时，他们不太可能会察觉。

●配合对方的呼吸节奏

我们平常不太注意自己的呼吸，因此如果能感受并配合对方的呼吸速度和节奏，也能使彼此建立良好的关系。

●配合对方的表象系统

本书第74页会详细说明表象系统，这里可以参考一下后面的内容。

使用对方最擅长的表象系统，如果表达时的表象系统顺序也和对方一样的话，沟通起来绝对会更顺利。

●使用特定语言

使用对方的特定语言或彼此的共同语言很有效。比如，如果对方习惯用"try"来表示"挑战"的话，你也跟着对方用"try"

来表示"挑战"，这么一来，会让对方对你产生亲切感。

●**赞同对方的价值观、信念、想法**

赞同对方的信念、想法和价值观是很高明的跟随方法。因为和对方的思想有共鸣，就更容易建立良好的关系。

●**配合对方的情绪**

配合对方的情绪也是协调关系、和对方达成共识的一种手段。当对方充满感情地表达时，你要专注地倾听。

●**配合对方的说话内容**

能够配合对方的谈话内容，表示你能理解对方的经历。

重复对方的话，让对方安心——复诵

"复诵"就是重复对方说的话

一如前述，沟通时模仿对方能让对方感到安心。接下来我们要学的是"复诵"（backtrack），也就是一边重复对方的话，一边回应。

所谓复诵，就是按照对方说话内容的结尾或关键字来回应。举个例子，如果对方抱怨"今天好累"，你便回答"是啊，很累"。这样的方法就是复诵。

复诵不但能让对方获得自己讲的话得到回应的满足感，也能引导对方打开话匣子，让交流的气氛更加活跃。

而且，因为复诵是重复对方说的话，所以对方会有得到肯定的感觉，从而增加内心的安全感，这也是这个技巧最重要的意义。

复诵的要点

虽然复诵是重复对方说过的话，但我们不必把对方说话的全部内容都复诵出来，只要使用对方话语中的关键字或结尾直接回应就行了。

有时，一味地复诵也会让人觉得像是在反复确认什么。不妨先简单地归纳一下对方说过的话，再进行回应，这样更能增进彼此的信赖关系。

总之，最重要的是让对方觉得自己说的话受到了重视，感觉到安心。

复诵的要点

重复关键字或结尾。

不必一字一句地复诵，使用关键字和结尾回应才高明。

归纳对方所说的话。

一边整理对方说过的话，一边回应。让对方觉得自己说的话受到重视，感觉到安心。

别让对方觉得好像在反复确认什么。

如果复诵过头，反而让对方觉得不安，这一点务必注意。

复诵的范例

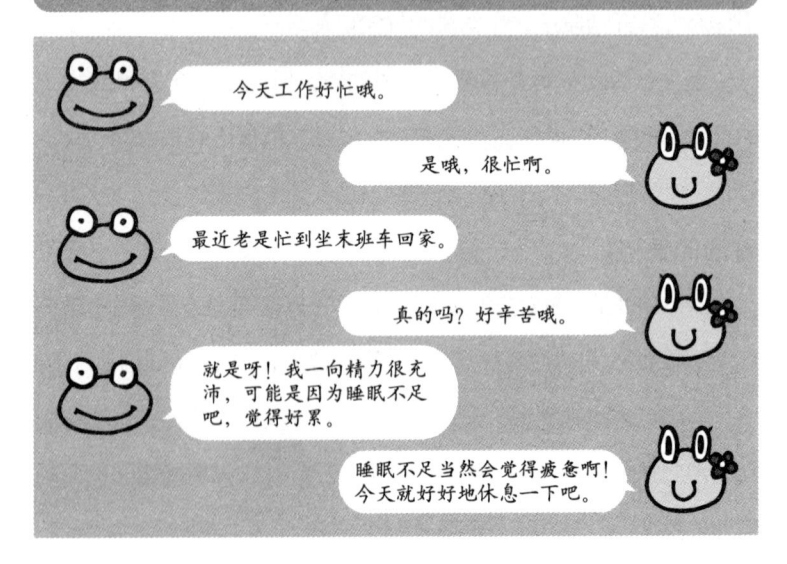

- 今天工作好忙哦。
- 是哦，很忙啊。
- 最近老是忙到坐末班车回家。
- 真的吗？好辛苦哦。
- 就是呀！我一向精力很充沛，可能是因为睡眠不足吧，觉得好累。
- 睡眠不足当然会觉得疲惫啊！今天就好好地休息一下吧。

表情要配合谈话的内容

表情要和谈话内容相符

我们都知道,表情能够传达各式各样的信息,所以常常强调交谈时眼睛要看着对方。其实更重要的是,你的表情要配合谈话的内容。

如果你在交流中刻意表现得很开朗,或者经常笑着谈论严肃或悲伤的话题,那么就算你的目的只是想让气氛轻松一点,在别人眼里,你也不是个值得信赖的人。

所以,为了赢得对方的好感,让交流更加顺畅,发自内心、自然流露的表情是一种有效的沟通手段。

发自内心的微笑,才是最自然的笑容

想让交流更加愉快,微笑是最基本的一种表情。不过,假意的笑是起不到任何作用的。所谓"皮笑肉不笑",意思就是虽然你的嘴角会下意识地上扬挤出笑容,但流露出来的眼神却不是那么开心。显然,这样的笑容是无法让对方安心聊天的。

因此,重要的是自然、真诚地展现笑容。以平和宽容的心态与对方沟通,这种心情自然会在表情上表现出来。当对方看到你真诚的笑容时,也会不自觉地微笑,这样才能让交流更加顺利。

因此，当聊到开心的话题时，一定要让对方看到你最自然的笑容。

适度的眼神交流

虽说交谈时看着对方是基本的礼貌，但一直盯着对方，反而会让他人觉得有压迫感。

跟随的技巧之一，是适度的眼神交流。具体的操作方法就是眼睛下意识地配合对方的视线高度，但要避免直直地盯着对方，视线以落在对方的鼻子一带为佳。

引导对方朝期望的方向成长——导引

真正的沟通

与他人交谈时,我们可以一边观察对方(度测),一边通过映现和复诵配合对方的说话方式(跟随),慢慢地与对方建立信赖关系(良好的关系),相信大家对这些方法应该都很了解了。

接下来,我们就要慢慢地引导对方进入更好的状态,这种方法被称为"导引"(leading)。在介绍导引之前,我们要先确认自己想要通过沟通达到怎样的目的,这样就能让话语的效果更加显著。

所谓真正的沟通,就是通过话语给予对方一些良好的影响,让他产生积极向上的动力。朋友之间倾诉烦恼、伴侣之间的交谈等,都是希望通过交流让生活能变得更好、更舒心。

如果你已经与对方建立了信赖关系,那么接下来就要使用一些方法来引导对方,帮助对方朝着他所期望的方向成长。

需要注意的是,导引并不是控制,也不是强迫,而是通过提问和指导帮助对方找到问题的答案以及解决方法,推动对方朝着目标努力奋斗。

导引必须在良好的关系上建立

沟通常被比喻成"交际舞"。面对第一次搭档的舞伴,我们首先要观察彼此跳舞时的互动情况,看看怎样配合对方的步调跳舞。渐渐地,两人的步调一致时,便可以相互信赖,自然地展现优雅的舞姿。

套用到沟通上,也就是说,在导引前必须先建立良好的关系,这是必要的条件。

【沟通的步骤】

1. 仔细地观察对方(度测)。
2. 配合对方的说话节奏(跟随)。
3. 建立信赖关系(良好的关系)。
4. 指导对方朝向他所期望的方向成长(导引)。
5. 对方实现他所期望的目标。

导引的要点

进行导引的一个有效方法，就是开放式提问。

所谓开放式提问，就是提出比较广泛、范围较大的问题，从而让对方有充分的回答余地。比如"是什么样的感觉？""应该怎么做？"等等。灵活地进行开放式提问，能让对方的回答不再仅限于"是"或"不是"，从而传递更多的信息。

举个例子，朋友昨天去听了古典音乐会，如果你问"昨天的音乐会怎么样"，也许对方只会回答"嗯，很不错"或"还好"。像这样的提问方式，对方只会做出"是"或"不是"的闭锁式回答，提问并没有产生明显的效果。

相反，开放式提问的效果就不一样了。如果你这么询问："昨天的音乐会演奏了哪些曲目呢？"对方也许会这么回答："因为是一场标榜'连高中生也能听懂'的音乐会，所以演奏的都是些耳熟能详的曲目，听起来深有共鸣。"如此一来，对方的回答更详细了，透露了很多信息。

由此可知，不同的提问方式会影响话题的扩展性。

不要使用消极和否定语句

在导引时，还有一点也必须注意，那就是千万不能使用会让对方产生"讨厌""不擅长""很痛苦"等负面情绪的词语。

如前所述，语言蕴含着巨大的力量。否定的话语蕴含着强大的消极力量，而且这股力量会在不知不觉间发挥作用，让人陷入糟糕的状态。

因此,为了导引对方向更积极的目标努力,我们最好避免说些类似"不喜欢这样""还不是很熟练"等相对否定的话。

交流时尽可能多地使用肯定句,也是很重要的一点。

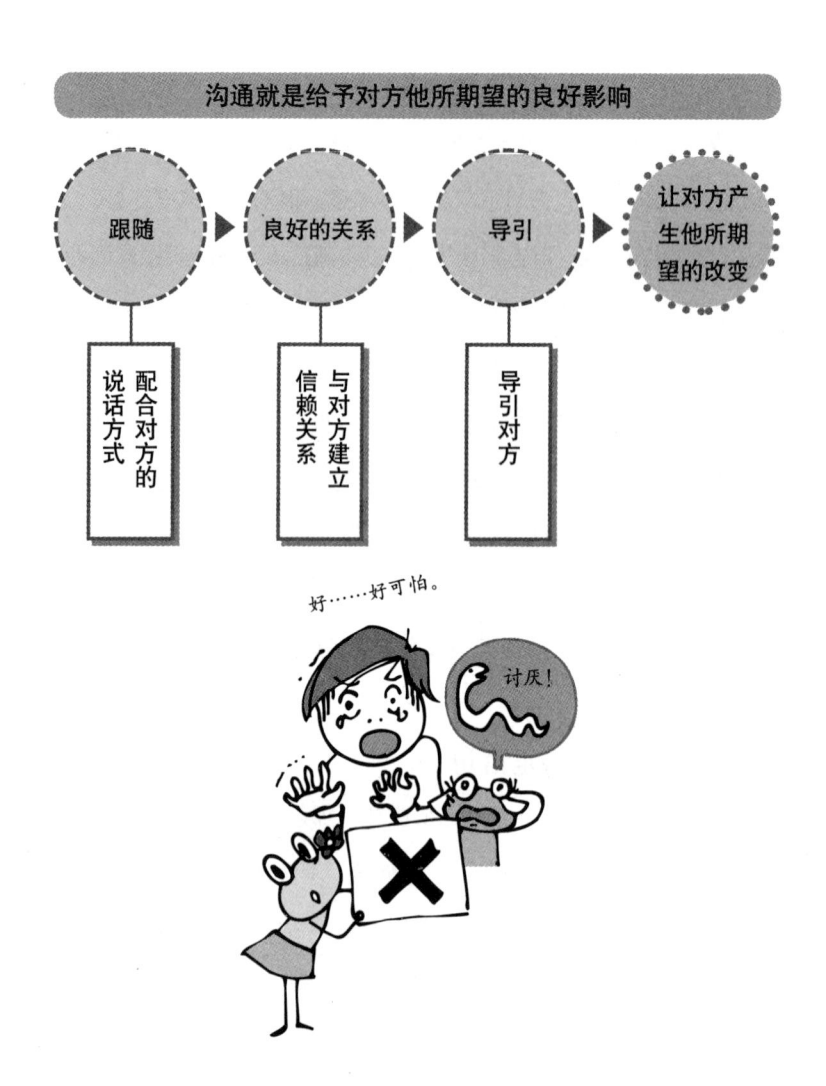

沟通就是给予对方他所期望的良好影响

跟随 → 良好的关系 → 导引 → 让对方产生他所期望的改变

- 配合对方的说话方式
- 与对方建立信赖关系
- 导引对方

好……好可怕。

讨厌!

第 4 章
了解沟通的习惯

我们每个人都有属于自己的"优位感觉"。本章将探究这些感觉,并介绍一些促进沟通的方法。

三种优位感觉倾向

什么是"优位感觉"

每个人都通过五感来捕捉和记忆信息,并将其用语言表达出来。这里的"五感",指的是人的视觉、听觉、触觉、嗅觉和味觉。

五感里面较为灵敏的感觉,在 NLP 中被称为"优位感觉"。每个人的优位感觉都不同,因此就算做同一件事,不同的人产生的感觉也不一样。

在 NLP 中,嗅觉与味觉被归为触觉的一部分,因此优位感觉就有视觉优位、听觉优位和触觉优位三种倾向。对于这三种倾向,本书分别取视觉(visual)、听觉(auditory)和触觉(kinesthetic)的缩写,简称"VAK"。

三种优位感觉倾向

三种优位感觉各有特点,通过不同的人的回答,我们可以了解他们各自的优位感觉。

以"对海的联想"为例。提到海,有人会联想到蓝色的大海、白色的浪花和沙滩、西沉的橘色夕阳;有人则联想到浪潮声、海滩上熙熙攘攘的喧闹声、海鸥的啼叫声;有人联想到了被太阳晒得刺痛的感觉、海水的咸涩味。

联想到蓝色大海与夕阳的人属于视觉优位（V）倾向。这种倾向的人擅长在脑海中想象画面，习惯使用视觉要素捕捉事物信息。

联想到海浪声与海鸥啼叫声的人属于听觉优位（A）倾向。这种倾向的人逻辑性比较强，对声音和对话比较敏感，很重视客观数据，与他们沟通时要注意语言条理清晰。

最后，联想到被太阳晒得刺痛和海水味道的人属于触觉优位（K）倾向。这种类型的人比较依赖自己的感觉，沟通时要注意配合他们的说话方式，说话要富有感情。

所以，通过上面的例子我们可以发现，具有不同优位感觉的人措辞也不一样。

"VAK"战队报到！

优位感觉的差异：每个人感受的地方都不同

优位感觉不同，每个人感受的地方也不同

依据不同的优位感觉倾向，每个人感受的地方不一样，表达时遣词造句自然也各异。

我们以让优位感觉倾向不同的三人看同一部电影为例，分别询问三人对于影片中的哪一幕印象最深刻。视觉优位（V）的人也许会说，令自己印象最深刻的是主角站在夕阳余晖中的画面；听觉优位（A）的人也许会觉得背景音乐和主角所说的台词始终萦绕在耳边；触觉优位（K）的人或许会对动作戏的部分特别感兴趣。

同样表达自己了解一件事，视觉优位（V）的人会说"我很清楚"；听觉优位（A）的人会说"已经在我心里有回响了"；而身体感觉优位（K）的人，则会回答"铭记于心"。每种类型的表达用语也各不相同。

之所以会这样，是因为我们会先用最擅长的感觉来表达，因此即使看同一部电影，每个人的着眼点也不一样。同一幕场景，每个人感受的地方也不同。

另外要特别注意，优位感觉倾向并不是单一的。毕竟我们是用五感判断和感受事物的，不可能只用一种感觉来表达，而是通过优位感觉的组合来表达的。这里只是想让你明白，每个人都会优先使用自己最擅长的感觉来表达自己的感受。

什么是"表象系统"

我们用五感获取信息和表达的方法，在 NLP 中被称为"表象系统"（re-presentational system），又名"感元"（modality）。其中，体验一件事时，优先表达的感觉就被称为"优势表象系统"。

接下来，我会分别整理视觉优位（V）、听觉优位（A）和触觉优位（K）的人最常见的表达习惯和特征。在沟通时，一边寻找对方的优位感觉，一边配合彼此的优位感觉，能够让沟通更顺利，从而建立起良好的关系。

视觉优位的人的沟通倾向

视觉优位的人的表达习惯

从一个人的遣词用句和说话方式,便能得知他的优位感觉倾向。首先,我们来说说属于视觉优位倾向的人的特征。

视觉优位的人习惯一边在脑海中想象画面,一边说话。他们喜欢使用充满画面感的语句,如"可以看见……"或"可以想象……"等。话语中常常带有"光辉""纯白""明亮"等描述事物颜色和形状的词语。

同时,由于画面蕴含着颜色、形状、大小、动作等各种丰富的信息,所以视觉优位的人为了表达这些信息,说话的语速也会比较快。另外,他们的想象多半伴随着对过往的回忆和对未来的设想。

与视觉优位的人沟通的要点

想要和视觉优位的人进行更深入的沟通,要点就在于你的语言要让对方有足够的想象空间。交流时可以多采用形象化、视觉化的语言,或者配合使用清晰的设计和图画来让对方准确理解你表达的内容。在倾听时,你也要充分想象他的语言里所描绘的画面。总之,本着让对方"一看就明了"的原则来表达就对了。

视觉优位的人的表达习惯

下面是视觉优位的人表达时习惯使用的词语:

* 看见　　　　　　* 描绘
* 闪现　　　　　　* 明亮
* 晦暗　　　　　　* 鲜明
* 引人注目　　　　* 洞察
* 和光线相关的词(闪亮、亮晶晶等)
* 使用颜色来描述事物(蓝色的天空、金色的黎明等)
* 描述外表(光辉、透明、刺眼等)
* 和眼睛相关的习惯用语(眉目传情、眼光放远、眼里容不下一粒沙子等)

示例1　视觉优位的人选择衣服

* 对颜色很讲究。
* 有自己的穿衣风格。
* 习惯试穿。
* 喜欢混搭。

示例2　视觉优位的人选择食材

* 偏好色彩鲜艳的食物。
* 爱比较价格。
* 不会太在乎成分。
* 习惯想象可以做出什么样的食物。

听觉优位的人的沟通倾向

听觉优位的人的表达习惯

听觉优位的人对声音和语言比较敏感。这种类型的人习惯使用"听得见……"或"说……"等叙述式语句表达,擅长用"咔嚓""哗啦啦""吱吱"等拟声词来描述他们听到的声音。

此外,听觉优位的人习惯用理性的观点看待事物,喜欢一边思考一边沟通。他们能够迅速理解对方想要表达的内容,话语的逻辑性也比较强,回答比较谨慎,并且偏好安静的环境和悦耳的声音。

与听觉优位的人沟通的要点

听觉优位的人逻辑性比较强,所以与他们沟通时最好准备一些客观数据,这样会更有说服力。按部就班地陈述、条理清晰的语言也是促进彼此沟通的要点。

此外,交流时也要注意配合对方的说话节奏,注意措辞严谨。

听觉优位的人的表达习惯

下面是听觉优位的人表达时习惯使用的词语:

* 听 　　　　* 说

* 商量 　　　　*说明
* 节奏 　　　　*声音
* 和声音相关的拟声词（咕咚、扑哧等）
* 描述声音大小（大声、安静、吵闹等）
* 描述音调（高亢、低沉、悦耳等）
* 和耳朵、嘴巴相关的习惯用语（耳听八方、耳朵长茧、祸从口出等）

示例1　听觉优位的人选择衣服

* 在意别人的看法。
* 习惯询问周围人的意见。
* 时尚感很敏锐。
* 会适当表达对颜色和款式的要求。

示例2　听觉优位的人选择食材

* 关注别人的评价。
* 习惯仔细确认食材的成分。
* 习惯轻敲食材，从声音判断是否新鲜。
* 对烹饪过程的声音十分敏感。

触觉优位的人的沟通倾向

触觉优位的人的表达习惯

触觉优位的人说起话来不紧不慢,习惯先思考再回答。这是因为他们重视用身体的感觉接收语言和体验,体味一下再用语言描述。而且经过思考,他们能获得更多的信息。

这种类型的人比较重视自己的感觉,说话时常常使用"舒服""悠闲""……的感觉"等词语。并且,他们也常用"高兴""快乐"等词语表达心情,以及使用"蓬松""硬邦邦"等词语形容物体的质感。

此外,触觉优位的人很善于察言观色,说话时肢体语言和表情也很丰富。

与触觉优位的人沟通的要点

与触觉优位的人沟通时,最好配合对方的说话节奏,让对方感觉谈话很舒服,这样他们才能自由地表达自己的想法。

> **触觉优位的人的表达习惯**
>
> 下面是触觉优位的人表达时习惯使用的词语:
>
> * 感受　　　　* 温和
>
> * 施压　　　　* 舒适

* 悠闲　　　　* 紧张
* 放松　　　　* 弯曲
* 触摸　　　　* 柔软
* 表达温度（温暖、寒冷等）
* 表达质感（蓬松、硬邦邦等）
* 表达口感（美味、苦涩、香甜等）

示例1　触觉优位的人选择衣服

* 重视材质与弹性。
* 讲究触感。
* 习惯试穿，确认是否舒适。
* 有自己的穿衣风格。

示例2　触觉优位的人选择食材

* 仔细观察食物。
* 闻一下味道。
* 知道哪些食材很好吃，并重复购买。

了解自己的 VAK 倾向

你的 VAK 倾向是什么

了解了视觉优位、听觉优位和触觉优位后,我们不妨来判断一下自己属于哪种倾向。了解自己的优位感觉,不但能提升与他人沟通的能力,也能更好地提升自己的语言表达力。

下面的练习能够帮助我们判断自己到底属于哪种优位感觉倾向。

1. 以"没想到会发生那种事"的心情回想一下,最近身边有没有发生有趣的事。

2. 抱着想将有趣的事情分享给别人的想法,动笔把这件事写下来,只要用日常说话的口吻写下来就可以。

3. 仔细分析写下来的话语属于视觉(V)、听觉(A)还是触觉(K),然后分别计算三种优位感觉的使用数量。

4. 比较所写的内容中使用的不同 VAK 倾向的比例与特征等,确定自己的 VAK 倾向。

利用优位感觉,提升表达能力

每个人都有属于自己的优位感觉,表达的方式也各具特色。但为了深入地了解对方,提升自己的沟通能力,除了使用优位感觉,我们还必须加强表达能力。

如果你有写日记的习惯，那我建议你在写作时使用自己的优位感觉来表达；平常在观看影视剧时，你也可以将剧情以优位感觉的方式来讲述；在阅读小说时，多注意作者使用什么样的手法讲故事。这都是十分有效的练习方式。

另外，不妨随手记下有哪些令自己印象深刻的事情或自己想学习的表达手法，这些练习可以增强你的词汇表达能力。

良好的词汇表达能力也能成为与他人建立良好关系的资源。

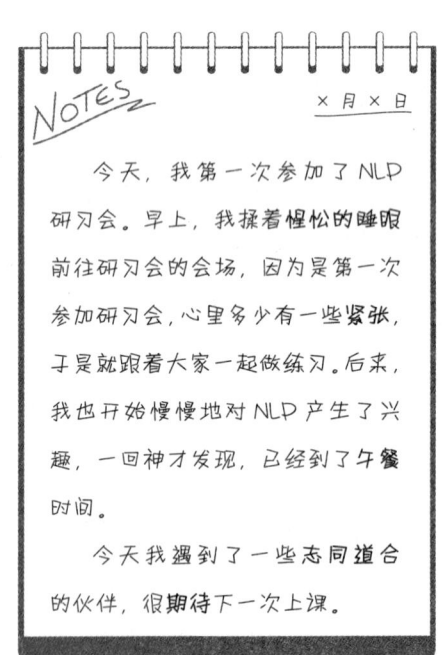

> NOTES　　　　　×月×日
>
> 今天，我第一次参加了NLP研习会。早上，我揉着惺忪的睡眼前往研习会的会场，因为是第一次参加研习会，心里多少有一些紧张，于是就跟着大家一起做练习。后来，我也开始慢慢地对NLP产生了兴趣，一回神才发现，已经到了午餐时间。
>
> 今天我遇到了一些志同道合的伙伴，很期待下一次上课。

配合对方的 VAK 进行沟通

配合对方的优位感觉

以下是情侣 N 先生与 P 小姐的对话,试着判断一下两人的优位感觉。

N:"P,你的生日快要到了。"

P:"你记得我的生日啊!"

N:"我们找个地方悠闲地享用一顿大餐,怎么样?"

P:"太棒了!要是能边欣赏日落边用餐,一定很棒。"

N:"那你想要什么生日礼物?"

P:"这个嘛,我想要一条闪闪发光的钻石项链。"

N:"……你不觉得佩戴钻石显得有点冷酷吗?我以为你比较喜欢那种毛茸茸的玩偶。"

P;"钻石显得冷酷?我听不懂你在说什么。你上次不是说要买一条项链来搭配我买的那件黑色连衣裙吗?"

N:"对,是啊……"(惨了,超过预算了!)

判断得怎么样?

我们从上面对话中可以看出,N 是触觉优位,而 P 是视觉优位,因此 P 无法理解 N 那句"钻石感觉很冷酷"的意思,对话就这样结束了。但是,为了深入地进行沟通,让对方明白你的想法,就一定要配合对方的优位感觉,使用对方的优位感觉交流。

如果 N 使用视觉优位配合 P,结果又会如何呢?

N:"P,你的生日快要到了。"

P:"你记得我的生日啊!"

N:"要不要去海边的餐厅享受一顿大餐?"

P:"太棒了!要是能欣赏到日落,那就更好了。"

N:"那你想要什么生日礼物?"

P:"这个嘛,我想要一条闪闪发光的钻石项链。"

N:"我觉得你不适合像钻石那样不够华丽的饰品,比较适合像粉水晶那种戴起来既华丽又高贵的饰品,这样才能衬托出你雪白的肌肤。"

P:"你还真是了解我。好期待生日那天!谢谢啦!"

N:"肯定是非常浪漫的一天。"(幸好没超过预算!)

和对方用相同的优位感觉来表达,能让对方明白你想传达的信息。你下意识地配合对方的优位感觉,才能建立良好的关系。

就算多年相处并早已建立信赖关系的夫妻,也会因为不了解彼此的优位感觉而发生争执。所以,了解对方的优位感觉,能让沟通变得更顺利。

扩展对方的想象空间

综合运用 VAK

你和一个人交流时，可以一边度测，一边捕捉对方的优位感觉，从而说让对方容易理解的话。但如果和一群人交流，你是无法捕捉所有人的优位感觉的，这时又该如何表达呢？

方法就是综合使用三种优位感觉倾向。

比如，在描述大海时，你可以这样说："我漫步在清晨的海边，仰望美丽、澄澈的天空，脚下的白色沙滩还带着一股沁人的凉意。一波波浪潮声中夹杂着从远处传来的海鸥的叫声。舒服的风吹来阵阵潮香。"像这样综合使用视觉、听觉和触觉来说话，不但能让更多人听懂，也增强了自己的话语感染力。

通用词汇扩展想象空间

如前面所述，如果你说的话能让对方联想到具体的画面，那么不但沟通更顺利，还能导引对方向着期望的目标成长。所以，想让话语有充分的想象空间，就要使用能够让倾听者自由想象的通用词汇（universal word）。

所谓通用词汇，就是可以让倾听者依靠自己的体验和感觉来理解的话。

举个例子，每个人对幸福的感觉都不一样。视觉优位的人，脑海中也许会浮现和伴侣一起观赏美景的画面；听觉优位的人，或许觉得倾听温柔的海潮声是最幸福的事；触觉优位的人，也许会想象自己泡在热乎乎的温泉中。

在描述这些情景时，想要让听者理解你的意思，就要灵活运用通用词汇，让对方自行想象，沟通上便不容易发生误会或摩擦。其他类似"体验""思考""最棒""美丽""自由""爱"等词语，也属于通用词汇。

从视线移动方向了解对方的想法——视线解读

视线的移动透露了什么信息

当你无论如何都想不起来某个人的名字或某个数学公式时,你的眼睛会不自觉地往上瞄,是吧?

除了看东西时视线会移动,当人在思考、想象一件事时,视线也会移动。人的视线会顺应内心当下的感觉而移动,并且具有一定的特征。有学者认为,这些特征是每个人都具备的、原本就存在于大脑的一种程序。美国 NLP 协会主席约翰·拉瓦莱(John la Valle)认为,这个说法的正确率为 80%~85%。

NLP 将观察视线的移动方向称为"视线解读"或"眼睛解读线索"(eye accessing cue)。因此在度测时,要特别留意对方的视线移动,它可以帮助我们了解对方的想法。

VAK 与视线的关系

通过视线解读的技巧,我们可以了解对方看到的画面、听到的声音、产生的感觉。再仔细一点观察,我们便会发现对方的视线移动规律,这样就可以判断对方的优位感觉。

具体来说,视线往上移动时,表示正在想象什么东西;水平移动时,表示听到了什么声音;向下移动时,表示在自言自语,或体会什么感觉。另外要注意，习惯用左手的人的视线移动规律正好相反。

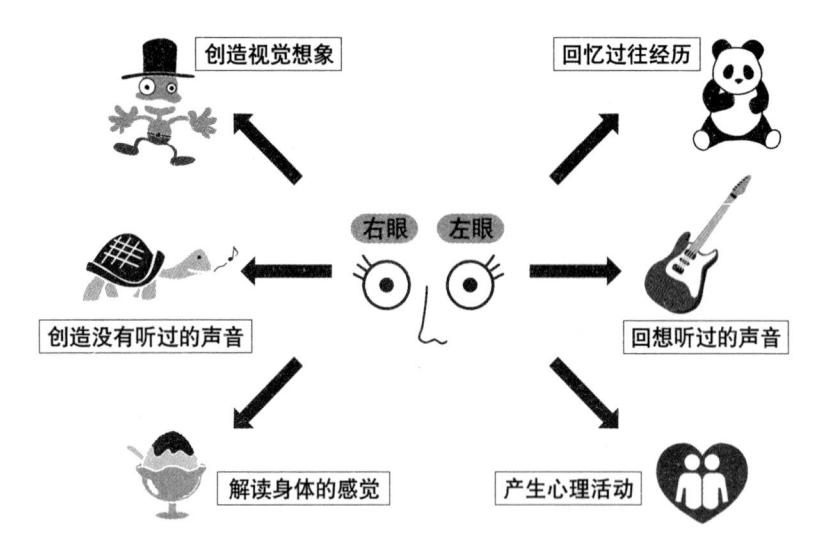

创造视觉想象　　　　回忆过往经历

右眼　左眼

创造没有听过的声音　　　　回想听过的声音

解读身体的感觉　　产生心理活动

视线向上移动，表示正处于视觉状态

视线向左上方移动，表示正在回忆过去的经历

当别人说"昨天穿什么颜色的衣服"或"请想象熊猫的样子"时，正在思索答案的你，视线会往哪个方向移动呢？

大部分人的视线应该都会向左上方移动。视线向左上方移动，表示正在回忆过去的经历。

那么，对于上面的问题，当你的视线正在移动时，也许会想起自己昨天穿了什么样的衣服，或者脑海中会浮现熊猫的样子。你的大脑正处于一边回忆过去的经历一边想象事物的状态。

所以，当你想不起某件事或者某个事物的样子时，眼睛可以尝试向左上方看看，会比较容易想起来。

不过，这个方法对于经常需要回想的事情（比如想不起自己的手机号码或经常挂在嘴边的事）没什么效果，但对于酒店房号、昨天吃的晚餐等一下子想不起来的事是比较有效的。

视线往右上方移动，表示正在创造视觉想象

如果有人说"假设你住在月球，抬头仰望银河时会看到什么景象？"或"请想象一只粉红色的熊猫"，这时你的视线会如何移动呢？

应该是往右上方移动,对吧?

视线往右上方移动时,表示正在创造视觉想象,也就是在脑海中创造一些现实中没有的事物。当你想象从未体验过的事或想象未知的画面时,你的视线大多会往右上方移动。

假设你将来想开间咖啡馆,这时,你的视线不妨尝试往右上方移动,也许这样可以帮助你更具体地想象店铺的外观和陈设、客人坐在店里喝咖啡的样子、工作人员忙进忙出的身影。若能想象出具体的画面,说明你离自己的目标又近了一步。

昨天吃了些什么?

视线水平移动,表示正处于听觉状态

声音和语言属于听觉信息

视线水平移动,表示正处于听觉状态。除了声音,语言也属于一种听觉信息。在听别人说话时,我们的视线是呈水平移动的。比如,当口译人员进行口译时,他们的视线大多朝左右两边移动。

视线往左移动,表示正在回想听过的声音

如果有人问你"以前都听什么样的音乐"或"你的手机铃声是什么旋律",这时,你的视线大多会往左边移动。

视线往左边移动,表示正在回想已经听过的声音。此外,当你在思考该如何与别人沟通时,你的视线也会这样移动。

所以,利用这个规律,如果你想要和别人宣布一件重要的事情却一时想不起来时,眼睛不妨往左边移动,也许就能想起来了。此外,当你在沟通时发现对方的视线正往左边移动时,最好配合对方,使用听觉优位的人常用的话语来提问,肯定能让彼此的沟通更顺利。

视线往右移动,表示正在创造没有听过的声音

视线往左边移动,表示正在回想已经听过的声音,那么视线往右边移动，又代表什么呢？

视线往右边移动，表示正在想象没有听过的声音。如寿司店的师傅用法语介绍寿司，或者恐龙唱儿歌。当你想象这些时，你的视线会不自觉地往右移动。

视线向下移动，表示处于触觉状态或有心理活动

视线向左下方移动，表示有心理活动

视线向左下方移动，大多表示有心理活动。比如，有人问你："最尊敬的三位历史人物是谁？"这时你会开始在脑中思索："这个嘛，一个是织田信长吧，第二个是伽利略，巴斯德也不错，拿破仑好像也……"你的视线会不自觉地往下移动，表示你进入了思考状态，正在和内心对话。

如果对方在交流时也进入了这样的状态，不妨给他一点时间稍微整理一下思绪。如果对方迟迟无法回答，不妨建议他稍微往上看一下，也许就能发散出新的想法。

视线向右下方移动，表示正在解读身体的感觉

你提出的问题属于触觉倾向时，会发现对方的视线往右下方移动。想象做从未体验过的事的感觉，回想过去的某种感觉等，都属于触觉倾向，这时视线都会往右下方移动。

比如，想象"大口吃刨冰是什么感觉""光脚走在盛夏的海滩上是什么感觉""身体处于无重力状态下会是什么样的感觉"等不太容易体验到的感觉时，视线大多会往右下方移动。

视线解读的用处

通过视线解读，我们可以分析对方的某种想法和感觉究竟是基于体验还是想象。这种方法同样也适用于我们自身。

其实，观察电视上受访的公众人物在表达自己的看法时视线朝哪个方向移动，也是一件颇为有趣的事。

因此，不妨仔细观察自己在思索一件事时视线怎样移动，或将视线刻意往一个方向移动，观察自己对什么样的信息比较敏感。这是个十分有趣的练习。

第 5 章

成为沟通高手

不管面对情绪低落的人、焦躁不安的人还是让自己有压迫感的人,本章介绍的一些沟通技巧能让你与任何类型的人沟通都得心应手!

包容对方的缺点

缺点可以变成优点吗

"我这个人就是太优柔寡断,真的很糟糕。"当朋友抱怨自己的缺点时,你不妨这么安慰他:"因为你是一个心思细腻、做事严谨的人啊!"

同样一件事,只要换一种积极的说法,便能让对方觉得自己受到了赞美;只要改变看法,便能将自己的缺点转化成优点。这在 NLP 中被称为"换框法"(reframing)。

所以,不管对方是否觉得某种行为或特质是自己的缺点,只要你给予积极正面的评价,说不定会让对方觉得自己受到了赞美,缺点反而成了优点。

通过赞美拓展机会

得到别人的称赞是件开心的事,它还能鼓励我们努力地追求梦想,实现自己的目标。只要肯努力,成功的机会自然更多。相反,那些认为自己一无是处的人,只会变得更消极,什么都不做便选择了放弃。

也许这样说有点夸张,但语言往往能左右一个人的选择——是选择积极向上,还是放弃自己、让生活变得乏味而没有意义。

不同的话语会产生截然相反的效果。

所以，面对不同的人、不同的情况，我们也应当采用不同的话语来沟通。面对急性子的人，不妨这么赞美他们——"你们很讲究效率"；面对工作总是慢半拍的人，不妨这么鼓励他们——"你们做事追求完美"。这种赞美的话语在沟通上一定会发挥重要的作用。

同样，你觉得无法接受自己的某个行为或处于一个不符合自己期望的环境时，运用换框法改变自己的想法，心情一下就能放松不少。

通过换框法改变观点

当对方情绪低落并说了一些悲观的话语时，我们使用换框法鼓励对方就对了。换框法能改变想法，帮助对方转换心情，积极面对人生。

改变观点才能更灵活地应对状况——换框法

什么是"换框法"

我们每个人都习惯用自己的主观意识看待事物,这种看待事物的视角在NLP中就被称为"框架"。面对同一件事,只要"换框"便能看见完全不同的一面。

举个例子,有一位非常爱干净的女士常常因为家里有一点污渍就不高兴、发脾气。为了不惹她生气,全家人每天都过得战战兢兢,生怕家里有任何污渍。有位心理治疗师对她说:"如果你想生活在一个没有一点灰尘的屋子里,那么你周围就不能有任何人,这真的是你想要的生活吗?家里之所以会有污渍,是因为有爱你的家人围绕在你身边,不是吗?"后来她发现,其实屋子脏了的话,只要打扫一下就行了。从此,她和家人的关系也变得融洽多了。

像这样改变观点、想法(框架)的方法,就是"换框法"。换框法通过换一种全新的视角来看待事物,改变已有的看法,从而跳出原有观念的束缚,激发出我们身上更多的潜能和创造力。

通过换框法看见他人的优点

如前所述,通过换框法,我们可以对一个人产生不同的看法,态度也会随之发生变化。一旦我们给对方套上"这个人很讨厌"

的框架，便只会注意对方让自己感到讨厌的地方。

不妨换个"这个人很好接近"的框架，这样我们自然就会注意到对方的优点。如果我们能够注意到对方的优点，便会对对方产生兴趣，这样双方就有机会建立更好的关系。

因此，我们应该平时就养成从不同角度看待事物的习惯。

环境换框法与意义换框法

两种换框法

面对总是钻牛角尖、说悲观的话的人,如果我们向他传达另一种看法(给他换框),就可以帮助他扭转情绪,积极地面对人生。

换框法大致分为环境换框法和意义换框法。环境换框法是指当你面对同一行为时,将其放在不同的情况下看待,并倾向于更加积极的想法和评价;意义换框法,就是当你考虑同一行为的时候,倾向于更加积极的意义。

换框法也适用于自身

环境换框法和意义换框法不但适用于与别人沟通,也适用于自身的成长。

当你感叹"为什么事情总是不顺利"或觉得心情郁闷时,不妨想想自己当初为什么要做这件事,想想这件事的积极意义,也许就能得到新的感受和动力。

什么是"环境换框法"

所有的行为都有积极的一面,也一定有发挥作用的时候。环境换框法就是将注意力放在让某一行为发挥积极作用的情况下。也就是说，对于同一行为，只要我们能注意到它的优点，便能够找到让它发挥积极作用的情况或环境，从而避开其消极的一面。

比如，面对因为很难控制自己的情绪而烦恼的人，你不妨对他说"和你一起去唱歌一定很开心"，这样可以让对方知道，他的情绪在某些场合是可以给他人带去快乐的。

环境换框法

面对情绪容易激动的人

↓

和你一起去唱歌一定很开心！

什么是"意义换框法"

不同于环境换框法，意义换框法是在不改变状况的前提下，发现事物呈现的不同状态和意义。比如，当听到对方苦恼地说"最近总觉得做什么事都提不起劲"时，你不妨这么安慰对方："就当作在放松吧。"

如果对方觉得自己什么都做不好，通过运用意义换框法，我们便能让他认识到"现在正是花时间让自己成长的最好时机，为日后实现目标做好充分准备"的积极意义,从而打起精神,积极地迎接未来,以轻松的心情面对现状。

意义换框法

面对觉得自己很胖的人

↓

看起来很像个老板呢!

想走出创伤经历，换框法可以帮助你

从过往经历中发现成长的契机

换框法不仅能够帮助我们解决眼前的烦恼，对于过去发生的不开心的经历，我们也能发现其中的积极意义。

比如，对于"小时候爸妈因为忙于工作，对我疏于照顾，让我觉得很孤单"这种不开心的记忆，你可以试着将这个记忆换个框架，如"正因为小时候父母没有对我严加管束，我才能自由自在地做自己想做的事，养成了独立自主的性格，不是吗？"或者"因为在我小的时候父母经常不在家，所以我更懂得珍惜和家人一起相处的时光"。

所以，不管与别人相处还是与自己相处，不管面对的是过去还是现在，只要使用换框法改变一下观点，便能找到事物积极的一面。

另外，换框法是可以重复使用的。对同一件事反复使用换框法3次以上，可以让表达的词语更加丰富。

活用换框法，让人际关系更融洽

学习当"换框达人"

换框可以在沟通中帮助他人缓解烦恼，同样，当你遇到烦恼时，也要懂得向别人倾诉。学会灵活运用换框法，你就能发现看待问题的新视角，从而让自己远离烦恼，在行动中战胜困难。

你发现自己被一种框架束缚，难以产生新的看法时，不妨询问一下他人的建议。如果能激发新的想法，那就再好不过了。

如果你想给对方换框，就不要一味地说"我也有这样的看法"或"我觉得这样的想法行得通"，而要通过交谈让对方了解你的想法，这样沟通才会更加顺利。

换框需要一定的说话技巧

"我既没能力，也得不到幸运之神的眷顾。算了，不管怎么样都无所谓了。"如果朋友和你这样说，你会如何回答呢？

也许你会这么回答："别这么说，你也有很多优点啊！"这样说虽然能够给予对方安慰，但像是为了安慰对方而故意这么说的，就怕对方根本听不进去，无法真诚地接受你的好意。

"你这么想也可以。不过，如果变得怎样都无所谓，为什么不能选择让自己过得开心呢？"如果这么安慰对方呢？

先肯定对方那句"不管变得怎样都无所谓",再引导对方往积极的一面思考,就会显得很有说服力,不是吗?

像这样运用一定的说话技巧改变对方消极想法的说话方式,我在后面的章节里还会提到。总之,最重要的就是要帮对方摆脱内心消极想法的束缚。

面对有压迫感的人，试着改变印象

改变印象的妙招

"就算再努力工作，我还是不知道怎么面对总是指责我的领导，真的很痛苦"，如果你遇到了这样的情况，该怎么办呢？

面对这种情况，使用换框法很有效。不过，我在这里要介绍另一种有趣的方法：试着将领导指责你的话想象成鸭子的"嘎嘎"叫声，再把领导想象成一个巴掌大的玩偶。这么一来，你对他的印象是不是就改变了呢？应该不会觉得他很恐怖了吧？

面对让自己有压迫感的人，我们往往只会注意到他的强大气场，结果弄得自己不知道该怎么与对方打交道。所以，不妨运用上面的方法，将对方想象成一种不再令你感到难以面对的事物，从而改变自己对他的印象，这样你也就不再有烦恼了。

什么是"次感元"

我们利用表象系统将视觉、听觉和触觉细分成更小的元素，这样才能改变印象中对方的样貌、声音和触感等。这些微小的要素在NLP中就被称为"次感元"（submodalities）。一旦次感元改变，你对对方的印象也就发生了变化。

如何调整对他人的印象

我们通过交谈获取对方传递的各种信息，这些信息根据表象系统可以划分为很多微小的元素，具体可以分为：视觉要素（大小、颜色等），听觉要素（声音的大小、音色、清晰度等），触觉要素（温度、重量、压力、光滑程度等）。这些元素都有各自的调节标准，你可以自由调整，从而让对方在自己的脑海中呈现你想要的印象。

先来做个练习吧。先在脑海里想象一个你觉得很讨厌的人的印象，然后试着调整印象中对方的各种元素。比如，对方是个大嗓门，那就想象他的嗓门变小；他如果离你很近，那就想象他离你稍微远一点。

如此一来，你便能慢慢改变对他的印象。

没想到还蛮可爱的嘛！

第 6 章
帮助对方成长

真正的沟通，能够帮助对方认识自己、发掘身上的潜能。

突破限制性信念

什么是"信念"

我们在反思自己的行为、性格和想法的时候，往往会产生"我是个努力的人""我总是失败"等相对消极的看法。这些看法其实并不准确，因为它们有的来自我们的主观认识，有的来自他人对我们的评价，都是片面的，并不能说明我们就是这样的人。

我们对自己的认识和对事物的看法，在NLP中被称为"信念"（beliefs）。信念一方面能让人变得更好，但另一方面，如果被信念束缚，我们思考和做事的视野就会变得狭窄，很难发现其他的解决办法，这样也会限制自我发展。

不过，像"我是个很努力的人"这种表面上看来能产生积极作用的信念，在某些情况下反而会阻碍我们寻找其他的解决办法——"虽然觉得很痛苦，但我还是要咬牙撑下去"，这时它就变成了限制性信念。

突破限制性信念的提问法

当朋友经常没信心，觉得自己什么都做不好时，如果你只是简单地告诉他们"你不是这样的人"，肯定不能让他们的心态变得积极。那么遇到这种情况时，该如何应对呢？

NLP中没有"失败"两个字,所以面对那些觉得自己总是失败的人,你使用换框法帮助他改变想法就对了。

你可以问对方"到底是什么事没做好?"或"难道你从来没有失败过吗?"虽然对方觉得自己总是失败,但心里也会想象成功的时刻。这样就可以让对方找到其中的问题,意识到失败的意义。

你还可以问"对你而言,什么是成功呢?"或"成功是什么感觉呢?"这样可以将对方的注意力导向"该怎么做才能成功",对方的想法、心态就可以在思考和回答中发生转变。

总之,只要在提问时使用一点说话技巧,你便能帮助对方突破限制性信念。

突破限制性信念的有效提问法——后设模式

什么是"后设模式"

在生活中,我们难免会遇到别人问一些问题,如"谁说的?""什么时候的事?""你怎么了?""什么?""你是怎么知道这件事的?""能再说清楚一点吗?"等等。像这样的提问方式,在 NLP 中被称为"后设模式"。

后设模式可以通过提问让对方表达的信息更加具体、明确,从而帮助我们突破限制性信念,寻找事情的解决办法。

有效提问能够解决问题

后设模式的有效提问法,就是运用"是谁?""什么时候?""在哪里?""什么样的状况?"这四大要点来提问,但是,这种提问绝对不是质问。

有效提问法的目的,是找回我们在无意识中省略、删除的信息,纠正被扭曲的信息,去除被一般化的限制。它不但能帮助对方用全新的视角思考事情,还能从中发现更多的可能性。

也就是说,后设模式可以用来确认对方在无意识中释放的具体信息,是帮助解决问题的重要手段。

因此,提问时务必要根据实际情况清楚地表达问题,但不能质问对方。此外，还要注意提问的时机和内容。

12种后设模式类型

后设模式是NLP中最早发现的模式，适用于语言被省略、扭曲或一般化的情况。

在接下来的章节中，我将按照顺序说明后设模式的12种类型。再强调一点，所谓的后设模式，是通过反复提出各种问题帮助对方突破限制性信念的模式。后设模式不是一味地否定对方所说的话，而是通过提问与回答让对方自然地察觉自己的限制性信念，从而获得突破限制性信念的可能，拉近沟通双方的距离。

后设模式一：找回被省略的信息

通过提问找回被省略的信息

沟通的过程中往往有许多信息被省略。在这一节，我将介绍挖掘信息、深入了解对方的5种提问方法。

虽然叙述时会遇到一些专业用语，但是这些例子都是我们日常生活中难免会遇到的状况，因此不难理解。

● **针对单纯删除的提问法**

> 我生气了。→为什么生气？
> 那个人有点怪。→为什么这么说？

针对没有说明原因就直接表明结果的话，我们可以通过提问找回相关信息，从而让对方意识到是自己的看法把问题弄复杂了。

【提问举例】是谁？什么？在哪里？什么时候？是什么状况？

● **针对比较删除的提问法**

> 你最差劲了。→和谁比最差劲？
> 他做得太过分了。→和谁相比很过分？

针对包含"最""太"等暗含比较意味的话，我们可以通过提问找出被省略的比较信息，让对方意识到之所以他会这么想，纯粹出于自己的主观判断。

【提问举例】和……相比？在……之中是最……的吗？

● **针对主语模糊的提问法**

> 大家都有。→究竟谁有？
> 客人这么说的。→哪位客人说的？

针对话语中主语不明确的情况，我们可以通过进一步询问获得更详细的信息。只有让对方将更具体的信息表达出来，才能扩大思考空间。

【提问举例】究竟是谁做的？

● **针对未明确的动词的提问法**

> 她完全无法理解。→究竟什么样的情况让她完全无法理解？
> 他马上就哭了。→究竟为什么哭？

我们日常说的话中经常含有动词，而动词也会省略信息。通过挖掘动词背后的信息，我们可以找出被省略的事件（究竟做了什么事），进而获得关于这一动作的完整信息，这样对方也比较容易想出解决办法。

【提问举例】怎么会这样？是什么样的情况？怎么回事？具体情况究竟是什么？可以说得再清楚一点吗？

● **针对名词化的提问法**

> 母亲整天心神不宁。→具体怎么回事？
> 他很粗暴。→具体怎么回事？

话语中表达的名词也会省略信息。通过提问，我们可以弄清楚名词概括的事情的具体过程，让过程更明确，从而发现解决问题的线索。

【提问举例】具体怎么回事？

后设模式二：找回被扭曲的信息

通过提问修正被扭曲的信息

这样的提问法是为了找回因偏见而扭曲的信息，共分成 4 种。这里的偏见，指的是限制性信念。

● **针对因果关系的提问法**

> 不吃早餐，一整天就没有精神。→不吃早餐与没精神有什么关系？
>
> 都是主管让我心情不好。→主管和心情不好有什么关系？

这是针对当某件事成为另一件事的原因时，为了能够获得更具体的信息，让对方有更多思考空间的提问法。这样可以让对方意识到 A 事情不见得就是引发 B 状态的原因，从而开始寻找新的解决办法。

【提问举例】究竟……是怎么造成的？除了……以外，还有其他选项吗？你选择这个吗？

● **针对复合性相等的提问法**

> 这个计划攸关世界和平。→这个计划和世界和平有什么关系？
>
> 她总是哭，一定是觉得很寂寞吧？→哭泣和寂寞有什么关系？／你觉得寂寞时，就会哭吗？

这种提问方法可以探究两件事产生关联的原因，让思考更加灵活。通过这种提问，对方可以意识到 A 不等于 B，从而扩大思考的范围，寻找其他的原因。

【提问举例】……是因为……而和……有关？……一直都是指这个意思吗？

●针对臆测的提问法

> 你觉得很讨厌，对不对？→是什么原因让你这么认为？
> 你应该知道我想要什么。→你依据什么判断我知道你想要什么？

"臆测"就是主观的推测、猜测。臆测有两种：一种是自以为了解别人的想法，另一种是认为别人应该知道自己的想法。

通过这种提问，我们可以确认自己臆测的信息，使信息更完整。注意，要尽可能委婉地询问对方。

【提问举例】是什么原因让你这么认为？是什么理由让你这么认为？

●针对判断的提问法

> 不拼命努力，就达不到目标。→基于什么样的标准，你这么认为？
> 英国人都很爱面子。→你听谁说的？

这个方法是为了确认对方没有表现出来的评价和判断标准。这样提问可以让对方意识到他们之所以产生这样的想法，不是自己这么认为的,而是因为听从了别人的意见而做出的判断,从而纠正自己的看法。

【提问举例】你听谁说的?基于什么样的标准,你这么认为?

后设模式三：还原被一般化的信息

通过提问弄清楚被一般化的信息

所谓一般化，是指沟通过程中以某项体验概括所有类似体验的方式。在这里，我要介绍3种还原被一般化的信息的提问法。

●针对概括性用语的提问法

> 我总是赖床。→难道从来没早起过吗？
>
> 大家都认为我没能力。→大家？/大家是指谁？/所有人真的都是这么想的吗？

对于习惯用"一切""绝对""总是"等把事情绝对化的词语，这种提问可以为对方减轻限制性信念的影响，找到更多的可能性。

【提问举例】难道一次都没有吗？一个人也没有吗？大家都是如此吗？大家是指谁？是什么理由让你这么认为？总是这样吗？每天都是如此吗？

●针对必要性／可能性的语态操作词的提问法

> 我没办法再忍耐了。→是什么原因让你无法再忍耐？/如果无法忍耐的话，会怎么样？/如果再忍下去的话，又会怎么样？
>
> 每天都得早上8点上学。→要是不去的话，会怎么样？

必要性/可能性的语态操作词通常包括"应该/不应该""必须/不可以"等用语。通过提问，我们可以让对方弄清楚自己的行为是否受到了限制，从而有机会改变自己的行为方式。

【提问举例】为什么会变成这样？是什么原因让你变成这样？这么做的话，会怎么样？不这么做的话，又会怎么样？

● **针对前提的提问法**

> 他如果能多帮我一点，我就能做得更顺利。→是什么理由让你这么认为？
>
> 要是再多累积一点经验，我就能理解了。→你怎么知道累积的经验不够？

语言里隐藏着各种前提。比如例句中"他没有多帮我"就是一个前提，另一个例子的前提则是"经验不足"。这种提问法的要点在于，当对方的思维被局限时，我们可以通过提问弄清楚前提的依据，让对方意识到其实这种前提没有任何依据。

【提问举例】你是指……吗？是什么理由让你这么想？可以再说得详细一点吗？

引导对方积极成长的对话方式——米尔顿模式

什么是"米尔顿模式"

"米尔顿语言模式"（Milton Model）是让对方能够充分解释自己的想法的对话方式。

米尔顿模式和后设模式的目标十分相似。后设模式通过提问让对方的想法和目标更加具体，从而帮助对方反思自己的想法是否正确。不同于后设模式，米尔顿模式不会通过提问直接引导对方，而是借助对话来让对方产生信念，并将其一般化。

米尔顿模式多使用模糊的话语，犹如口齿不清的老大爷。但是，你可别小看这个"老大爷"，他可以帮助你发挥信念的作用。

米尔顿模式能让我们在对话中更容易跟随对方、导引对方，让对方的意识被引导，从而帮助他们发现潜意识的想法，灵活运用各种资源。

说得简单一点，正因为意识处于模糊不清的状态，对方才能对自己的想法做出更多的解释和说明。而解释和说明的过程，也是大脑不断输入积极的想法和行为信息的过程。

这个模式是将催眠大师米尔顿·埃里克森博士的语言模式予以分析、系统化所建立的。

使用比喻触动对方的心

米尔顿模式经常使用隐喻。比如,当你想要表示"一处偌大的地方"时,如果把这句话改成"像海一般宽广的地方",对方就能更快理解你的意思,交流也会更加顺畅。

如果你直接交流某件事会容易引起对方的强烈情绪,这时使用比喻来表达,对方也许就能听进你说的话。

另外,比喻应用于让对方放松心情的催眠诱导时,是非常有效的。关于这一点,我在后面的章节中会详述。

米尔顿模式一：违反后设模式与前提

关于删除的违反后设模式

米尔顿模式有多种方式，其中的违反后设模式是与 12 种后设模式类型相反的一种方式。

关于删除的违反后设模式共有 5 种类型。

●单纯删除

> →我已经知道向你要什么了。
> →你做得真的很棒。

聊天时删除部分信息，让倾听者配合自己的体验来补充空余信息。在这个过程中，对方会对删除的信息产生好奇和想象。

●比较删除

> →准备最高级的食物款待。
> →能够体验到比以前高级好几倍的享受。

在交流时，不要说出比较的具体对象及详细信息，让对方充满期待。

●主语模糊

> →这个东西成了全世界关注的焦点。
> →应该能够渐渐明白吧。

省略所提到的名词的具体内容,让对方自行想象被省略的信息。

●**未明确的动词**

→你总是在做新的尝试。

→通过这样的经历,你就有了不同的感受,是吧?

不具体说明到底发生什么情况,让对方自行补充、解释具体内容。

●**名词化**

→让你享受满满幸福感的香醇红酒。

→未知的经历让你的生活更丰富。

以名词代替被删除的信息,让对方自由想象被删除的内容。

关于扭曲的违反后设模式

接着介绍关于扭曲的违反后设模式,共有 4 种类型。

●**因果关系**

→使用这个机器能增强肌肉。

→仰望天空,烦恼顿消。

用 A 事件暗示 B 事件,若 A 事件是事实的话,便能引起 B 事件的发生。

●**复合性相等**

→懂得运用度测,就表示你开始关心别人。

→成为这里的会员,就证明你是精英。

这种方法将两件事说成一件事，若 A 事件是事实，那么 B 事件就有意义。

●臆测

→总觉得心情变得平静多了。

→想快点学习 NLP，是吧？

交流时你直接讲述事实而不说明具体情况以及信息来源的话语，仿佛能够读懂对方的心思。交流时仔细度测对方后说的话，可以让对方觉得你很了解他。

●判断

→散步让人心情愉悦。

→学习 NLP 非常有意义。

单纯传达信息而不说明信息的根据，会让对方觉得这不是谁的意见，而是一个事实。

关于一般化的违反后设模式

接下来，我再介绍关于一般化的违反后设模式，共有 3 种类型。

●概括性用语

→做个深呼吸，放松一下。

→随时准备美味的食物，等你光临。

这是使用"随时""一切""所有"等词语将信息一般化的表达方法。使用这种方法交流，对方会觉得你传达的信息是理所当然的。

● 必要性／可能性的语态操作词

→偶尔也应该参加一下聚会。
→你办得到。

使用"应该""不得不"等必要性的词语，以及"可以"等可能性的词语，能让对方自然地接受你的话语。

● 前提

→先吃饭再洗澡，还是洗完澡再吃饭？
→你能察觉到自己大脑中冒出的想法吗？

以"事情已经存在"为前提，自然地导引对方，对方会在大脑中想象前提中提到的事情，感觉自己似乎已经做了那件事。

12种违反后设模式

删除	1. 单纯删除（simple deletion） 2. 比较删除（comparative deletion） 3. 主语模糊（lack of referential index） 4. 未明确的动词（unspecified verb） 5. 名词化（nominalization）
扭曲	1. 因果关系（cause/effect） 2. 复合性相等（complex equivalent） 3. 臆测（mind reading） 4. 判断（lost performative）
一般化	1. 概括性用语（universal quantifier） 2. 必须性／可能性的语态操作词（model operator of necessity/possibility） 3. 前提（presupposition）

米尔顿模式二：跟随

在这里，我要介绍4种在交流中使用米尔顿模式来跟随的类型。

● **跟随对方的体验**

> → （面对舒适地坐在椅子上的人）坐在椅子上的你，感觉很放松吧？
> → （面对在晴朗的天气来访的人）今天天气这么好，欢迎来访。

关注对方当下的状况和体验，跟随对方进行交流，这种方法可以让对方感受到你对他的关注，从而帮助你得到对方的肯定和认同，活沃交谈气氛。

● **活用**

> →还没做好心理准备。
> →实在是太好了！这下你得开始思考今后的事，做些准备吧。

关注倾听者当下的状况，用话语将其导引至另外的关注点。

● **事实**

> →云层上方都是晴朗的。
> →大部分人都觉得大自然很奇妙。

运用事实来说话,让对方无法反驳,便能顺利地进行跟随。

● Yes Set

> → (面对住在台北的人)住在台北的你,一定觉得很方便吧?走几步路就有便利店,车站附近有好几家大餐厅和小餐馆,还有超市呢。

像这样,提出对方一定会回答"Yes"的问题,慢慢地将对方的注意力导引至别的地方,这种方法在 NLP 中被称为"Yes Set"。它也是市场营销领域常用的营销手法之一。

米尔顿模式三：间接诱导

间接诱导

在这里，我要介绍几种一边暗中表达信息一边指导对方产生新体验的方法。

● **植入式命令**

> →请坐在这辆车上，握紧方向盘，便能享受从来没体验过的快乐，不是吗？
>
> →请一边感受自己舒缓的气息，一边听音乐，感觉很舒服吧？

植入式命令是使用话语将能得出某项结论（体验的结果）的指示或命令，在对方没有意识到的情况下暗中传递给他。

在上面的例子中，植入的命令是"请坐在车上，握紧方向盘""请感受舒缓的气息""请听音乐""很舒服"等。

● **类比记号**

> →好……舒服，心情好……放松。

使用非语言的手段来强调信息，如说话时可以控制声音大小、音调、语速以及肢体动作等。

【例】我们常说人是**万能**的，正因为**万能**，**才能**融合自然与科学。（加粗部分是类比记号）

● **植入式提问**

→我以为你会听我说……
→我想知道你对这场聚会有没有兴趣。

沟通时将"可以帮我……吗?"这种问题隐藏于话语间,让后设模式的提问更加灵活。

【例】我想知道你会帮我……(植入"可以帮我……吗?")

● **要求**

→可以帮我拿杯水吗?
→知道现在几点吗?

这种提问方式通过提出让对方回答"是"或"不是"的问题,然后自然地加入自己的要求。这么一来,对方除了回答"是"或"不是"之外,也能针对所提出的要求进行回答并采取行动。

【例】可以帮我……吗?／知道……吗?

● **否定命令**

→绝对不能这么做。
→请别想象相扑选手跳起来的样子。

因为大脑无法理解否定句,因此听到别人说"不能……"时,我们就会思考"……"的部分。

【例】请别想……

● 模糊化

→想象自己赢得众人信赖的样子吧。

沟通时使用模糊的话语，对方不但能接受字面上的意思，也能理解另一层含义。

1. 传递另一种意思

→我是笊荞麦面（日本的一种荞麦面）。

去面馆时，常听到有人这么说，不过说话者可不是"笊荞麦面"。

2. 模糊范围

→调查频频故障的 A 区域与 B 区域。

究竟是只有 A 频频发生故障，还是两个区域都发生了故障？这句话并没有说清楚。

3. 标点符号标示不明

→正在成长的你很棒，正迈向美好的人生吧。

"正在成长的你很棒，正迈向美好的人生。"这样一句话包含了许多意思。

4. 同音异义

→意识、议事

说话时语音相同，传达的意思却不同。

米尔顿模式运用

介绍一段用米尔顿模式表达的话语吧。请注意标示类比记号的粗体部分。

> →**就像**草木慢慢地萌芽,只要敞开紧闭的心房,就能看清楚你一路走来的人生。

这段话也有另一层意思:缓缓地闭上眼并敞开心房时,人生的理想便能成为现实。

米尔顿模式四：连接词、附加疑问词、双绑法则

使用连接词

这里要介绍的是使用"然后""所以"等连接词联结话语的米尔顿模式。这种方法通过联结两种经历，即使它们在事实上毫无关系，也能在对方有意识或无意识的状态下顺利将想法传达给对方，达到交流的目的。

总之，具体的使用方法就是在说话时将 B 叙述（不管是否为事实）与 A 事件联结起来。

这种模式共分为 3 种类型。

●暗示同时性

→你有时很无理取闹，可是（同时）我知道你是爱我的。

"和 A 一起体验 B""和 A 一起不体验 B"，这是在暗示同时发生两件以上的事（或同时没有发生）。

【例】然后／可是／不是……

●暗示原因

→只要改变习惯，就能瘦 30 斤。

> →因为学习 NLP，所以提升了沟通能力。
>
> →你可以使用这个，为什么？因为你已经全都学会了。

"要是做 A 的话，就会变成 B。"通过表明原因，顺利地让对方的想法无意识地表达出来。

【例】所以……／因为……／做……时／做……之前／……之后／……的期间

● **因果关系**

> →现在购买地震险比较安心。
>
> →这样的态度能让你更幸福。

通过"A 让 B 怎么样"表示因果关系，引导对方做出相应行动。

【例】……让……怎么样

使用附加疑问词、双绑法则

在这里，我要介绍使用附加疑问词、双绑法则的米尔顿模式。

● **附加疑问词**

> →觉得很舒服，不是吗？
>
> →现在想学这个，是吧？

通过"肯定句＋否定句／否定句＋肯定句"的方式强调原因，让对方乖乖听从你的暗示。语气上扬能导引对方透露更多信息，语气下降则变成了祈使句。

● 双绑法则

→现在要喝茶吗？还是待会儿再喝？

这是在引导对方怎么选都是同样的结果。乍一看好像可以选择，其实只有一个选项，但对方也能顺理成章地接受。例子中，不管怎么选，结果都是要"喝茶"。

米尔顿模式五：催眠诱导

什么是"催眠诱导"

我们常常被电视节目误导，以为催眠诱导是一种催眠手法。其实，它是一种帮助你达成目标的手段。

催眠状态在 NLP 中被称为"恍惚状态"（trance）。处在这种状态中，人的意识会逐渐消退，产生的感觉会和平常不太一样，无意识容易显现。等一切想法的影响逐渐消退以后，人就会收到催促自己改变的信息。在这之后在面对变化与挑战时，心态也会变得比较积极。

虽然有各种形式的催眠，但在 NLP 中，我们只关注米尔顿·埃里克森的"埃里克森催眠"。

催眠诱导通过激发当事者的无意识，让他发现心中真正的想法，以摆脱内在消极信念的束缚。

催眠诱导举例

在这里，我要举例介绍当人进入催眠状态（恍惚状态）时，使用米尔顿模式表达的话语。

【例】

该不会被……

也许有人做……

也许早就知道……

大概（你）被……吧。

如果做……的话，会是什么样的感觉？

倒也没必要做……

（你）做了……会觉得很舒服，是吧？

（你）会（做）……，是吧？

做了……的话，也许会了解××的感受。

可以想象……吗？

请别太急着做……

看得出来这些例句套用了米尔顿模式吗？

米尔顿·埃里克森的精神治疗实例

这是米尔顿博士在治疗一名自称耶稣的患者时所进行的一段对话。

米尔顿博士："你会做木工活吧？"

患者："嗯……会做。"

米尔顿博士："所以，你也想发挥所长，帮助大家，是吧？"

患者："当然。"

米尔顿博士："医院里的书柜不够，可以帮忙做吗？"

患者："好。"

之后这名患者便开始做书柜。

米尔顿模式六：隐喻

什么是"隐喻"

　　隐喻是一种比喻，即用一种事物暗喻另一种事物。它就像我们小时候听过的童话故事，其中往往隐含了许多道理。

　　使用隐喻让对方无意识地接受谈话的内容，这是进行催眠诱导时常用的一种手法。在NLP中，我们常用隐喻让潜意识中的积极想法显现，从而暗示对方努力地朝自己的目标迈进。

使用隐喻的米尔顿模式

　　使用隐喻的米尔顿模式共分为3种类型。

●违背现实

→她有太阳般的笑容。
→猫说它"活得很舒服"。

　　这种方法包括直喻、暗喻和拟人化等。在例子中，"她像太阳"是直喻，"她是我的太阳"则是暗喻。我们可以使用这种方法来表达，从而给对方充分的想象空间，激发实现目标的动力。

●引用

→有个孩子说，只要待在朋友身边，就会觉得很安心。

> →"爱要适度。一段漫长的恋情才是真正的恋情。"这是莎士比亚在《罗密欧与朱丽叶》里的经典名言。

指通过引用第三个人所说的话（说话者不需要对说话内容负责）传递信息。引用名人说过的话会更具说服力。

● **寓言、轶事、故事**

引用寓言、轶事及其他故事里具有积极意义的内容，可以丰富双方沟通的信息资源。我们可以将自己比喻成故事里的角色，增加代入感，加深对方对自己的印象，从而帮助对方融入谈话，提升沟通效果。

改变捕捉事物信息的范围——上推下切法

什么是"上推下切法"

在日本,人们是这样标记住址的:都道府县／市区町村／地名／丁目／番地……如:东京都千代田区神田神保町四丁目×番地××大楼×室。

在NLP中,像这样缩小区分范围的思考模式,称为"下切"(chunk down);相反,还有称为"上推"(chunk up)的思考模式。所谓chunk,就是将对象和状况予以概括的意思。

下切法类似后设模式,都是将信息更加具体化;上推法则类似米尔顿模式,为了能够综观事物的全貌而将信息一般化、模糊化。

举个例子,为了分析一片金属板的性质,我们使用电子显微镜观察它的细部分子结构,这就是"下切法"。通过下切法,我们可以得到金属板性质的详细信息。

那么,要用这片金属板做一个物件,看着金属板被慢慢地组合起来变成一艘大船,就是"上推法"。

使用上推下切法捕捉信息

我们周围有只会详细分析、捕捉信息,不擅综观全貌的下切倾向的人;也有习惯概括地捕捉信息、不拘小节的上推倾向的人。

在沟通时，只有配合对方的倾向，才能理解对方表达的内容，享受沟通的乐趣。

假设你是个卖车的业务员，顾客 K 先生详细地询问关于车引擎的性能和特性，以及其他部分的特征。面对这样的顾客，你就要详细说明车的各个零件，让对方更容易理解。

而另一位顾客 Y 先生正因不知道要买哪一款车而犹豫。并且，他觉得不是非要有辆车来代步。面对这样的顾客，若想提升成交率，最好的方法就是建议他购买符合需求的车，想象自己开车上路的感觉。

面对其他下切倾向的人，你不妨使用米尔顿模式沟通，帮助对方拓宽视野、看清想法；相反，面对上推倾向的人，你可以使用后设模式沟通，让对方觉得你很细心。

因此，在沟通时，你需要从谈话内容判断对方属于哪种倾向，根据不同倾向来决定如何跟随、导引。当然，了解自己属于哪种倾向也很重要。

什么是"平行"

"平行"既不是上推，也不是下切，而是一种利用持平状态来探讨事情其他解决方法的沟通技巧，代表的例子就是隐喻（比喻）。

在不改变对方想法的前提下，以比喻或隐喻的方式说话，能够让对方容易接受你的话语。"不要为了芝麻绿豆般的小事烦恼，眼光要放远一点！"比起这样强势的劝说，"反正不会永远都是黑夜"的比喻手法更容易让人接受。

只要懂得活用搭配上堆下切和平行法，便能导引出对方更多的信息。

归类（chunking）

通过上推、下切与平行等方式，改变对方捕捉信息的方法。

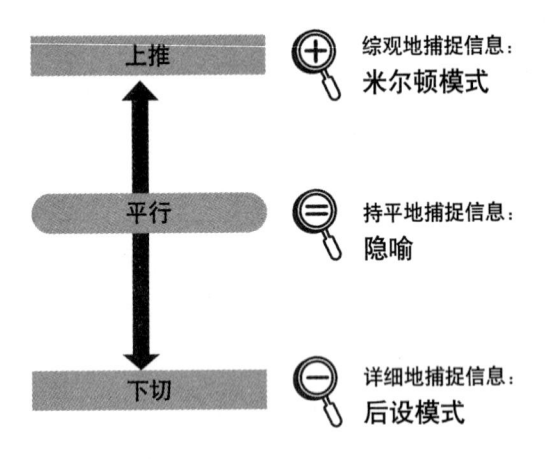

上推　　综观地捕捉信息：
　　　　米尔顿模式

平行　　持平地捕捉信息：
　　　　隐喻

下切　　详细地捕捉信息：
　　　　后设模式

后设模式与米尔顿模式有相同的目标

为了捕捉更详细的信息，后设模式与米尔顿模式都是我们平常使用的模式。

虽然两种模式的使用方法完全相反，但都是以帮助对方跳脱既有框架、导引对方朝向更理想的方向努力为目的。当对方因为某些问题烦恼不已时，通过有效的提问和交流，让对方察觉到其他的解决方法，你就能指导对方向更理想的状态努力。

后设模式的特征

(1) 重复有效的提问。

(2) 挑战对方的限制性信念。

(3) 帮助对方增强积极信念。

米尔顿模式的特征

(1) 使用间接的表达方法影响对方。

(2) 仔细度测对方,灵活导引对方进入状态,通过提问具体的情况进行跟随。

(3) 模糊对方的意识,导引对方自由想象。

(4) 联结对方的无意识资源。

(5) 通过一般对话帮助对方建立正面积极的新信念。

第7章

与自我沟通

学会NLP技巧，告别焦虑、不安、紧张的自己，迎接更快乐、更自由的人生。

找回最初的自己

自由地活出自我

理查德·班德勒说过一段名言:"这30年来,我所做的不是心理治疗师的工作,也不是教育推广,更不是销售商品,而是帮助人们获得自由。如果你是自由的,那你就会怀着爱度过每一天,这就是我的人生态度。自由是一切,爱也是一切。"

从班德勒博士的话中,我们可以体会到"NLP存在的意义,是为了'让每个人都能自由地活出自我'"。

卸下心中的铠甲

也许在某一天,你会突然这么想:"我成天忙着工作、做家务、教育孩子,可我究竟为了什么而活?"相反,你也可能会思索:"我成天无所事事,这样活着有什么意思?我到底在想什么?我究竟感受到了什么?怎么脑子变得越来越迟钝?"

总之,你会遇到上面的问题,说明了一个事实:了解自己的内心世界不是件简单的事。为什么?因为很多人的心早已被生活裹挟了。

我想给你讲个故事。有个开朗的少年,深受周围人的疼爱。他非常喜欢数学,也很愿意学习数学,所以数学考试总是拿高分,父母也很高兴。

然而,当数学考试拿高分成为一件理所当然的事之后,父母便很少称赞他了,反而总是斥责他:"为什么语文成绩这么差?要多努力学习语文啊!"

渐渐地,少年对最喜欢的数学失去了兴趣,甚至放弃了学习,总是一副闷闷不乐的样子。

那么,我们该如何帮助他呢?请思考一下。

在本书中,你可以找到答案。

解除心灵的束缚

每个人在刚出生时都十分单纯,不会怀疑别人,不会和别人比较,做事更不会随便放弃。但随着年龄的增长,我们受到的束缚越来越多。

我们究竟还要被"应该/不应该……"这些话语束缚到什么时候?因为这些话,我们又错过了多少成长的机会?

正如班德勒博士所言,只要解除心灵的束缚,便能活出自我,更能在沟通中体谅他人、包容他人。每个人的人生都拥有无限的可能,你的人生也是如此。

改变对困难的印象

调节五感要素，应对棘手的事情

想一想，生活中有什么事情让你觉得很困难、很烦躁？也许是领导突然布置的工作，也许是周围吵闹的噪声，但不管什么事，之所以觉得难以应对或烦躁，都是我们通过五感的感受所形成的印象。

因此，只要调节五感对事物的印象，我们便能消除或减少对那些棘手的事情或噪声产生的不愉快之感。

正如前面所提到的，五感各有其微小的要素，这些要素在NLP中被称为"次感元"。其中，视觉的次感元有颜色、形状、动作、明亮度、深浅度等；听觉的次感元有音量、节奏、音调等；触觉的次感元有压力、温度、触感和重量等。这些次感元都有自己的调节钮，使用调节钮调节次感元，我们便能改变对棘手的事情的印象。

练习改变次感元

（1）想象一件你觉得很难应对的事情。

【例】想象你刚进公司时，领导给你布置第一项工作的场景。

（2）调节次感元。比如，可以把场景的颜色调亮，把画面缩放，或想象自己大声说话等。

【例】想象公司阴暗的环境变亮，从而舒缓沉重的气氛。

（3）再次想象自己处于同样的场景（即模拟未来）。

【例】再次想象刚进公司时，领导给你布置第一项工作的场景，确认是否还会产生难以应对或厌烦的感觉。

改变次感元

使用调节钮可以改变次感元。你可以参考下图，调节的要素可以配合场景信息自由切换。

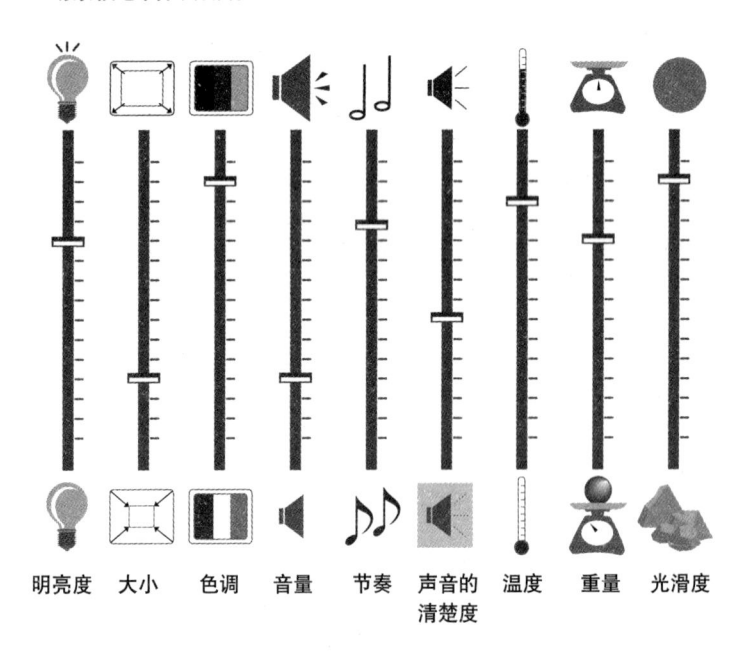

| 明亮度 | 大小 | 色调 | 音量 | 节奏 | 声音的清楚度 | 温度 | 重量 | 光滑度 |

模仿成功人士

通过模仿成为成功人士

企划部的员工 A 先生对于在公司会议上发言非常苦恼。因为他总是紧张，讲话也磕磕巴巴，无法流畅地介绍新产品。相反，比他早进公司 5 年的前辈 B 先生却总是能简洁地说明企划内容，给大家留下深刻印象，成了公认的"企划高手"。

如果你和 A 先生有同样的烦恼，不妨模仿 B 先生的发言技巧，也许就能摆脱当众讲话的恐惧，受到领导和同事的青睐。

这个方法在 NLP 中被称为"模仿"（modeling）。所谓模仿，就是观察和发现他人的优点、技能，分析并仿效其做事的过程、方法。比如，模仿你印象中成功人士的思维模式、行为模式和身体动作，想象对方的感受，通过五感来完全模仿对方的言行。

这么一来，你便能复制对方的成功模式，然后付诸实践，让自己快速实现期望的目标。

练习模仿

（1）设定自己期望的目标。

【例】企划方案得到领导的认可。

↓

（2）自己得到施展的机会后，思考该如何着手行动。

【例】领导通知开企划说明会议，开始兴奋地筹划。

↓

（3）确定模仿对象，想象对方的表情、身体动作、行为、说话的语调和内容等。

【例】具体地想象你想要模仿的人在会议上说明企划的场景，包括对方讲话时的姿势、动作、表情，以及对方可能说的内容。

↓

（4）试着模仿对方说话，模仿对方的肢体动作。

↓

（5）将模仿对方时自己看到和听到的信息、身体产生的感觉等，用语言表达出来（如果身旁有伙伴，也可以问问他们的感受）。

↓

（6）身体轻轻动一下，让自己放松，回到平常的状态[这个动作在NLP中被称为"打破状态"（break state）]。

↓

（7）想象自己处在同样的场景中，做出同样行为的模样。

↓

（8）充分使用 VAK，想象目标实现的感觉。

【例】在企划会议上，你尽可能将这份企划的核心与优点传达给所有人，大家都津津有味地听你的介绍。

启动开关，瞬间进入理想状态——设定心锚

什么是"心锚"

我们突然听到让自己产生共鸣的歌曲时，便会在旋律的带动下回忆起相关的往事，并产生特定的情绪。

所以，我们通过五感接收的某种信息和行为，会引发自身产生另一种特定行为，并触发相关的记忆或情绪乃至引起冲动，使之成为一种条件反射。

举个例子，我们看到红灯就会停下脚步，看到某个字就会想起它的读音和意思。在NLP中，像这样下意识地将某个信息或刺激与自身的反应或情绪相联结，以使其发挥作用的过程，就被称为"设定心锚"（anchoring）。

某个行为或触发物可以和我们的某种情绪联结，所以每当触发物出现的时候，情绪就会相应产生（产生条件反射）。在NLP中，这被称为"心锚"（anchor）。而引发反应的动作，就被称为"启动心锚"。

设定心锚，唤起特定情绪

在这里，我要以"身心资源状态心锚"（resource anchor）为例说明设定心锚的方法（关于身心资源状态心锚，我会在后面的

内容详细讲述）。

任何行为都能成为唤起某种特定情绪的心锚。在心情很愉快、身心充满活力的状态下，你随时都能唤起某种特定的情绪。

设定心锚时，首先要回想一下过去产生某种情绪时的具体场景。比如，你可以回想过去最让自己感到快乐的事情、充满干劲时的自己等。回想场景可以让你快速感受当时的情绪。

随着你的状态和情绪达到巅峰，你的呼吸会变得缓和，脸上会泛起笑容，身体也会感觉发生了变化。这就是所谓的进入状态（instate）。

然后，在进入状态的情况下设定心锚。

另外，如果你过去没有体验过相同的情绪，也可以用想象某种场景的方式设定心锚。

设定心锚的要点

设定心锚的技巧

如果能给心锚做个开关的话,我们就可以在特定的时候让自己达到想要的状态。在这里,我要说明设定心锚的4项要点。

●**情绪达到巅峰之前是设定心锚的绝佳时机。**

设定心锚需要我们进入相应的情绪状态,进入状态的表现越强烈,设定心锚所发挥的效果就越好。但人不可能永远都处于特定的状态中,情绪在达到巅峰之后便会逐渐减弱。因此,情绪到达巅峰之前是设定心锚的最佳时机。

另外,你给自己设定心锚是没有问题的,但如果要帮别人设定心锚,最好先仔细度测对方,找准设定的最佳时机再进行设定。

●**设定心锚需要强烈的情绪状态。**

在设定心锚时,我们要尽可能回想自己体验过的最美好的心情或最亢奋的情绪状态。在心情平静时设定心锚是没有效果的。

可以使用本书第151页"改变次感元"提供的方法,让特定的情绪变得更强烈。情绪越强烈,心锚设定的效果越好。

●**心锚具有特异性。**

虽然任何动作都可以设定心锚,但不要在日常动作上设定心锚,以免经常在不必要的时候唤起情绪。

总之，心锚的设定以独特、有刺激性最佳。像往上揪耳朵或做特殊的手势、喊一声"耶"都可以。不过必须注意，设定心锚的时间应避免过长。因为在我们设定心锚的过程中，情绪可能会逐渐冷静下来。

● **心锚最好具有重复性。**

心锚最好必要时随时都能启动，以便能够长期使用。因此，过于奇怪或难做的动作都不是理想的心锚形式。

设定心锚的4项要点

1. 设定心锚的时机　　2. 进入状态的强弱

3. 心锚的独特性　　　4. 最好可以反复运用

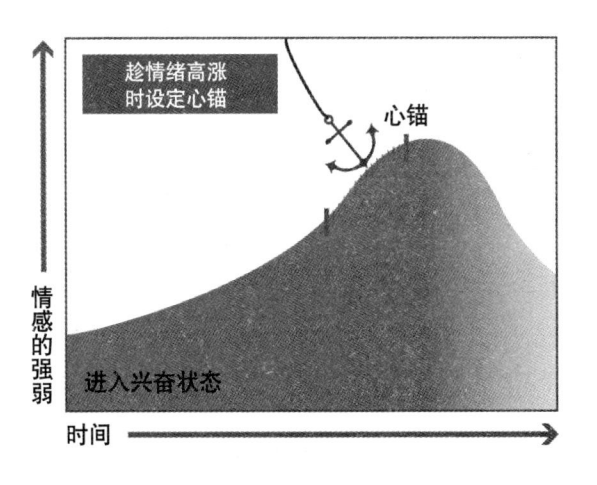

唤醒特定资源——身心资源状态心锚

什么是"身心资源状态心锚"

有一个能够引发条件反射的开关,是设定心锚的基本条件。在这里,我介绍一个唤起必要资源的设定方法,在NLP中被称为"身心资源状态心锚"。

NLP以达到理想状态为最主要的目标,因此,一般提到心锚多指"身心资源状态心锚"。举个例子,小张自从被狗咬过以后,看到狗就会躲得远远的,就是心锚(身心资源状态心锚)所引发的行为。

练习身心资源状态心锚

(1)进入体验特定情绪的状态。

【例】L想要在公司会议上自信地介绍自己的方案,于是他回想和感受自己过去参加比赛得奖时充满自信的情绪状态。

↓

(2)运用次感元,增强情绪的进入状态(灵活运用各种VAK次感元,比如强化感觉、调亮画面、配上音乐等)。

↓

(3)在情绪即将达到巅峰时,设定心锚。

【例】L用右手指轻触左手腕，给予身体刺激，设定心锚。

↓

(4) 抽离状态，轻轻动一下身体（打破状态）。

↓

(5) 打破状态后，试着用步骤（3）启动心锚。

【例】打破状态后，用右手指再次轻触左手腕，给予身体刺激。

↓

(6) 启动心锚的同时，如果能再次进入状态，就表示心锚设定成功。

【例】L再次启动心锚时，如果脸色变红、肌肉放松、身体状态有明显变化的话，就表示心锚设定成功。

瞬间进入多种理想状态的方法——重叠心锚

累积多种心锚

在设定身心资源状态心锚时，我们做的开关只能让自己进入一种理想的状态。那么想要进入多种状态时，该怎么办呢？

接下来我要介绍一种通过累积心锚来强化状态、让两个以上的理想资源能够同时设定心锚的方法，它在NLP中被称为"重叠心锚"。

简单来说，当你想进入3种理想状态时，只要启动一次心锚，便能达到目标。

我们可以在不同的时间，在同一个地点，用同一种方法累积心锚。虽然心锚的数目没有上限，但以2~5个效果为佳。

练习重叠心锚

在下面的步骤中，我介绍的是进入3种理想状态的心锚设定方法。不过，它也同样适用于设定多种心锚。

（1）选择3种理想状态。

【例】充满干劲、充满自信、放松。

↓

（2）参考160页身心资源状态心锚的设定方法，对第一种理想状态设定心锚。

【例】回想自己过去充满干劲的状态，在情绪达到巅峰之前启动心锚。比如，右手拇指与无名指接触，给予身体刺激。然后暂时打破状态，尝试设定心锚。

↓

(3) 针对第二种理想状态设定心锚。

【例】回想自己过去充满自信的状态，在情绪达到巅峰之前启动心锚。重复第一种动作（即上一步"右手拇指与无名指接触"）给予身体刺激（强度不变），然后暂时打破状态，尝试设定心锚。

↓

(4) 同样，针对第三种理想状态设定心锚。

【例】回想自己过去放松的状态，在情绪达到巅峰之前启动心锚。重复前面两项动作（右手拇指与无名指接触）给予身体刺激，然后暂时打破状态，尝试设定心锚。

↓

(5) 打破状态后，启动心锚。当3种理想状态同时出现时，就表示重叠心锚设定成功。

强化心锚的方法——滑动心锚

提升心锚强度的方法

在这里,我向你介绍一种让状态加强的方法,它在 NLP 中被称为"滑动心锚"。

所谓滑动心锚,就是一边在交流中诱导对方,一边改变说话的声音和大小,同时让手指在皮肤上滑动(给予身体刺激),从而提升理想状态的强度。

你不妨找个同伴一起练习,效果会更显著。虽然以下的方法只针对一种状态,但也可以用于进入多种状态所设定的重叠心锚。

练习滑动心锚

(1)确定一个想要加强的状态。

【例】想要更加快乐。

↓

(2)进入体验特定情绪的状态。

【例】回想从未有过的最愉快的状态。

↓

(3)在情绪状态达到巅峰前,尝试设定心锚。

【例】用手指轻碰胳膊肘,设置心锚开关。打破状态后,再设定心锚，如果能唤醒理想状态，就表示心锚设定成功。

↓

（4）此时要传递"能够强化这种状态""强化多倍状态"的信息。手指在皮肤上滑动，给予身体刺激，设定心锚。

【例】边说"让快乐的感觉提升 2 倍"，手指边从设定心锚的地方（胳膊肘）往肩膀滑动。这时若发出"咻！"的声音，效果会更显著。

↓

（5）手指再从肩膀滑回原来胳膊肘的位置，重复刚才的动作，让状态强化至 10 倍。

【例】边说"这个心锚的强度就这样保持，接下来移回心锚原来的位置"，边将设定心锚的手指往胳膊肘移动，然后移开手指，放松一下。

接下来，边说"尝试将这感觉提升 10 倍吧！"边再次将手指移至肩膀。这时如果发出逐渐上扬的声音——"咻！"，效果会更好。

↓

（6）反复强化状态，直到达到满意的状态为止，然后设定强化后的心锚。

↓

（7）打破状态后，用步骤（6）启动心锚。确定特定的情绪变得更强烈后，表示心锚设定成功。

按照顺序启动心锚的方法——连动心锚

按照顺序启动心锚的方法

想让多种理想状态同时出现,你可以使用"连动心锚"。在NLP中,通过逐步达成一个个小目标的方式来达到最终目标、引发必要状态的心锚,被称为"连动心锚"。

所谓连动,就是连锁的意思。像用锁连在一起似的,将多个心锚联结起来。这样一来,心锚就需要按照顺序启动,前一个心锚就成了下一个心锚的"扳机"。

因此,设定心锚的顺序十分重要。相邻的两个心锚状态越接近,效果越好。心锚一旦完成联结,在你感受到第一个心锚状态的瞬间,多个心锚便能快速触发,从而达到目标。

练习连动心锚

在这里,我以将"明明工作非做不可,却怎么也提不起劲"的状态转变成"充满干劲"为例,向你介绍练习连动心锚的方法。

(1)达成目标需要经历的多种情绪状态。

【例】提不起劲→拖延→放松→兴奋→愉快→充满干劲。

↓

（2）参考 160 页身心资源状态心锚的设定方法，针对第一项"提不起劲"的状态设定心锚。你可以在任何一个身体部位设定心锚，也可以使用空间心锚（参考下一节内容）。

↓

（3）针对第二项理想状态设定心锚（在接近第一项心锚的地方设定心锚）。

↓

（4）同样，在不同的地方设定剩下的心锚。

↓

（5）先打破状态（用于当心锚连成闭环，无法回到最开始的状态时）。

【例】通过摇晃身体等动作，让自己从与心锚相关的特定感觉中抽离，恢复平时的状态。

↓

（6）启动第一项心锚，在情绪将要达到巅峰状态时，启动第二项心锚。

↓

（7）启动第二项心锚，在情绪将要达到巅峰状态时，先放下第一项心锚，再启动第三项心锚。

↓

（8）反复进行同样的动作，直到联结最后一项心锚为止。

↓

(9)通过启动第一项心锚,然后像连锁反应似的接连启动心锚,一口气达成目标。

【例】你觉得提不起劲时,就能快速让自己充满干劲。

利用空间设定心锚——空间心锚

利用空间设定心锚

生活中总有一些人喜欢在洗手间待着,觉得在那里心情特别平静。对他们而言,洗手间是一处可以设定"安心"的心锚的地方。像这样,就是利用空间设定心锚。简单地说,人一进入某个空间,状态就能得到转变,觉得充满活力,或者觉得心情得到了放松等。

在工作中,你也可以利用眼前的某个事物设定空间心锚。比如,可以利用办公桌设定充满干劲的心锚,活力满满地工作。

练习空间心锚

找一个宽敞的地方,在它的四个角落设定以下4个区域:当下的状况、束缚自我的强烈信念、抽离现状和理想的状态。在这里,我以"想要学英语"为例,介绍练习空间心锚的方法。

当你和其他人一起练习时,可以在各自设定的场所针对设定的内容进行交流,从而强化空间心锚。

(1)你所需要设定的4个区域分别为:A.当下的状况;B.束缚自我的强烈信念;C.抽离现状;D.理想的状态。

【例】将这4处分别设定为:A.开始学习英语;B.觉得英语

非常难，想放弃学英语；C. 平时休息时非常喜欢看的一个综艺片段；D. 摆脱负面信念的束缚，享受学英语的乐趣，最终达到学英语的理想状态。

↓

（2）用自己平常走路的速度从 A 走到 B。

【例】在 B 处充分感受强烈的信念，然后将信念的强度（对英语的排斥程度）与内容（觉得英语非常难）分开。

↓

（3）带着信念的内容往旁边跨半步。这时你只带着信念的内容，尽可能以一种夸张的走路姿势往 C 处走去，B 处只剩下信念的强度。

【例】想象自己将对英语的排斥留在 B 处，内心想着信念的内容（英语非常难），以夸张的姿势从 B 走向 C。

↓

（4）以充满自信的步伐走到 D，充分感受理想状态的具体情况。这时灵活运用心锚与次感元等方式体验，效果更显著。

↓

（5）从 D 走到 B，充分感受能量的强度。这时先蹲下来，收缩身体，蓄积力量（在内心整合信念的强度与理想的状态，形成一股强大的力量）。当察觉体内蓄积的能量即将爆发时，一口气把身体舒展开。这时如果能够大声呼喊，效果更好。

【例】把内心对英语的排斥与享受学英语的理想状态这两股

力量相融合，感受自己身体的力量。当感觉力量即将爆发时，一口气将身体舒展开。

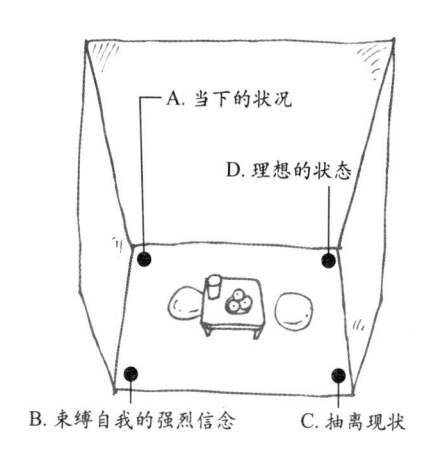

A. 当下的状况
D. 理想的状态
B. 束缚自我的强烈信念
C. 抽离现状

以积极的状态克服消极的状态——折叠心锚

中和正面与负面的心锚

面对自己明明不愿意回想却又偏偏想起来的不好的回忆，以愉快的回忆来消除相对负面的回忆和感受，在NLP中被称为"折叠心锚"，又称"压缩心锚"或"中和心锚"。

所谓折叠心锚，就是分别对正面因素与负面因素设定心锚，然后同时启动心锚，从而消除负面因素。

简单地说，这个方法就好比在热水里加冷水，让水温感觉不会那么烫。

而折叠心锚的要点，就是强化正面的心锚，让其可以充分中和负面的因素。

练习折叠心锚

(1) 确定对自己而言相对负面的记忆与情绪。

↓

(2) 在进入负面（不好的回忆）状态时，用左手触碰左膝，设定心锚。

↓

(3) 打破状态（通过摇晃身体等动作从特定感受抽离）后，

再次启动心锚，确定能够唤醒这种感受后，再次打破状态。

↓

（4）在进入正面（愉快的回忆）状态时，也就是充分强化正面感受时，用右手触碰右膝，设定心锚。

↓

（5）打破状态后，尝试启动愉快回忆的心锚。确定能够唤醒这种感觉后，再次打破状态。

↓

（6）同时启动心锚，让正面的心锚持续的时间稍微久一点（约1秒），效果会更好。

顺序为：触碰右膝（启动正面心锚）→触碰左膝（启动负面心锚）→离开左膝（负面心锚减弱）→离开右膝（正面心锚强化）。

↓

（7）如果很难进入负面的状态，或不愉快的回忆开始淡去，就表示心锚设定成功。

利用想象找到解决方法——视觉心锚

用想象中和找出第三种选择

视觉心锚是由折叠心锚变化而来的。

相较于分别针对负面情绪与正面情绪设定心锚,再予以中和的折叠心锚,视觉心锚则是配合视觉想象进行中和。

视觉心锚主要针对我们在某种情况下难以做出选择而陷入的纠结状态,通过设定心锚来创造"第三想象",找到解决方法。

练习视觉心锚

(1) 确定两个完全不同的愿望。

【例】想吃美食与想减肥。

↓

(2) 想象其中一个愿望,将其用语言描述出来,"放"在手上。

【例】想象"想吃美食"这句话正在你的左手心。

↓

(3) 想象要是实现手上这个愿望,心情会怎样。

【例】"感觉好满足""度过一段愉快时光""告诉别人这家店的东西有多美味"等,想象你的左手心堆着越来越多实现这个愿望的好处。

（4）对左手心的愿望进行视觉化想象。比如，想象它的颜色、形状等，或通过想象愿望的重量、温度和触感等来激发视觉想象。

【例】这个愿望是一个发着黄光的金色球体，摸上去像珍珠一样光滑。

↓

（5）想象另一个愿望，将其用语言描述出来，"放"在另一只手上。

【例】想象"我想减肥"这句话正在你的右手心。

↓

（6）重复步骤（3）和步骤（4），想象实现后会有怎样的心情，以及这个愿望的视觉特征。

【例】"变美丽""变健康""身体变得轻盈、灵活起来"等，想象右手上堆着越来越多积极的意义。然后进行视觉想象：这个愿望是个高约20厘米的水蓝色的水晶角柱，摸上去有点冰凉。

↓

（7）双手缓缓地合起，再缓缓地打开，创造出新的想象，进而导引新的解决办法。

【例】从新的想象中导引出新的解决办法：少吃点美食，最多吃八分饱，然后进行适量的运动。就算没有想到解决办法，你的潜意识里也会有个模糊的答案，所以不用太担心。

将不良状态与理想状态相交换——闪变模式

交换现在的自我与理想的自我

所谓闪变模式,就是把你想要改变的不良行为、反应与情绪和你想要达到的理想状态进行交换。

比如,你想要减肥,这时达成目标的最快方法就是远离阻碍减肥的行为,"输入"能够有效减肥的行为。也就是说,闪变模式可以改变大脑的行为程序,输入有效的行为,从而达到想要的目标。

练习闪变模式

这个技巧可进行多种运用,我先介绍其中一种。

(1)闭上眼睛,想象一个能引发你当前想改变的不良行为、反应或情绪的状况。想象这个状况所处的环境十分明亮(此为想象①),并进入特定的情绪状态。然后给想象①装上边框(给脑海中的画面装上像相框一样的边框)。

↓

(2)在抽离的状态下,想象自己想要的理想状态和行为(此为想象②)。然后将想象②在脑海中的画面缩小,并悄悄放在想象①的旁边。

↓

(3)大喊"嗖",同时交换这两种想象。想象①又小又暗,②又大又明亮,这时,在你的脑海中,想象②比装上边框的想象①的画面更大。

↓

(4)睁开眼睛,打破状态,反复练习约5次。

↓

这里需要注意,"嗖"是挥鞭时发出的声音,当然你也可以选用自己喜欢的词。

理解第三者的立场和观点——改变立场

改善与对方的关系

N的工作不太顺心。他的领导很爱发牢骚,经常给员工传递很多负能量。N不知道怎么面对他,十分苦恼。

在上面这个场景中,我们使用NLP中的"改变立场"(position change)来解决N的烦恼。它能够有效地帮助N改善与对方的关系,工作起来也会更顺利。

我在这里介绍"改变立场"的其中一种方法,这个方法需要至少3个人:当事人(自己)、对方和善意的旁观者。通过3个人的互动,就可以找出有利于自己接下来行动的方法。

练习改变立场

(1)准备两把面对面放置的椅子,自己坐在一把椅子上,想象想要改善关系的人坐在另一把椅子上。

【例】N坐在椅子①上,想象爱发牢骚的领导坐在椅子②上。
↓

(2)想象对方坐在另一张椅子上,并向他详细说出自己心中的烦恼和想告诉对方的话。

【例】N询问想象中坐在椅子上的领导:"我不记得我做错

了什么工作，不明白你为什么总是对我发牢骚。就是因为你这种态度，我烦到连工作都做不好，你究竟对我有什么不满？"

↓

（3）坐在对方的椅子上，想象你变成了对方，模仿对方回答自己刚才提出的问题（要完全模仿对方，包括对方的身体姿势、音调、说话方式、语气等）。这时你一定要完全进入对方的状态，将对方可能想到的话说出来。

③旁观者
②领导　　　　　　①当事人（自己）

自己站在第一立场，想沟通的对象是第二立场，第三立场则是扮演仲裁身份的旁观者，按照顺序进入状态，进行对话。

【例】N坐在椅子上，想象自己是领导，然后针对刚才的提问回答："因为不少人会找借口逃避责任，我对你有所期待，想帮你加油打气，但就是不知道怎么表达。"

↓

179

（4）打破状态后，坐回自己的椅子，然后针对刚才的回答再次进行交流。之后再次进入状态，坐在对方的椅子上反复进行提问与回答。

↓

（5）站在两张椅子中间，充分想象自己是整场谈话的旁观者（仲裁身份），整理谈话内容，并传达建议。

【例】N 站在两张椅子中间，整理自己和领导双方的想法与意见，然后对自己说："领导不是因为讨厌你才发牢骚，而是因为对你有所期待。"将这些信息传递给想象中坐在椅子①上的自己。

↓

（6）打破状态后，坐回自己的椅子，体会自己的心情产生了怎样的变化。

【例】当听到领导和旁观者的建议后，N 坐回自己的椅子，说出了自己心情的变化："当我知道领导不是因为讨厌我才发牢骚时，我才松了口气，明白领导对我有所期待，我真的很开心。"

进行这项练习的关键，就是你坐在对方的椅子上和站在旁观者的立场时，一定要完全忘记自己的烦恼，进入对方的状态。

只要充分进入对方的状态，你不但能够对问题豁然开朗，甚至还能获得很棒的想法和建议。

迪士尼策略

迪士尼策略是在面对一个问题时，能从三种不同的立场提出建议、找出解决方法的技巧。华特·迪士尼曾在实际工作中运用过这个策略，因此称之为"迪士尼策略"。这个策略主要包括三种立场——梦想家（dreamer）、实干家（realist）和批判者（critic）。通过倾听这三方立场的意见，我们就能找出一个相对严谨的解决方案，快速达成期望的目标。

【梦想家】自由地想象想要达成的目标的立场。

【实干家】思考如何具体实现梦想的立场。

【批判者】客观看待事物全貌的立场。

如何与自己的身体部位对话

与自己的身体部位对话

如前所述,改变立场的方法可以改善我们的人际关系。同样,我们也可以使用它来找出自己想改却改不了某些不良行为与习惯的原因,并发现这种行为与习惯的积极意义,从而以一种更易接受的方式来改善自己的行为。

下面,我们就以"一时没管住自己,吃了太多甜食"为例来介绍将其运用于自身的方法吧。

练习与自己的身体部位对话

(1) 准备两把椅子,面对面摆放,自己选择坐在其中一把椅子上,试着寻找能够感受到某股难以克制的行为冲动的身体部位。

【例】自己坐在其中一把椅子上,思考想吃东西的冲动来自身体哪个部位。假设是你的肚子产生了想吃东西的冲动。

↓

(2) 想象你的某个身体部位是独立于身体之外的个体,给它取个名字,然后描述它的特征,包括大小、形状、颜色、触感等。

【例】想象你的肚子名字叫小肚,外观像个黄色的橄榄球,很有弹性,抱起来感觉沉甸甸的。

↓

（3）将这个独立的个体放在对面的椅子上，开始和它沟通。

【例】想象自己将小肚放在另一把椅子上，然后试着问它："小肚，你明明知道吃太多甜食对身体不好，为什么还要这么做呢？"

↓

（4）接下来进入独立的身体部位的状态，坐在对面的椅子上，针对刚才的提问表达自己的意见。

【例】自己坐在另一把椅子上，进入小肚的状态，开始回答："因为你最近很忙，情绪难免焦躁嘛！不过，吃甜食的时候，我感觉好幸福。至少我稍微有了点精神。"

↓

（5）再次打破状态，坐回自己的位子表达自己的想法。

【例】坐回自己的位子，对小肚说出自己的想法："吃点甜食的确能安抚情绪，确实没办法一点都不碰，不过别吃太多就是了。"这样的话，你就可以找到吃太多东西的原因，接下来解决问题也方便了。

倾听内心批判的声音

如何倾听批判的声音

"就是因为不够认真,才会导致失败""我是个没用的人"……遇到失败时,我们难免会责备自己。

比起追究过错,也许我们内心批判自己的声音更强烈,这些负面的声音会打击我们的自信,使心情变得沮丧而失落。

对于如何面对内心批判的声音,NLP 中有个技巧,被称为"批判的声音"(critical voice)。通过练习模仿卡通人物的声音,我们能够改变听觉的次感元,想象批判的声音变弱,从而勇敢地面对内在的自我批判,并接受有效的建议。

其实很多时候,出现批判声音的一部分原因是我们在保护自己免受来自外界的伤害。

练习面对批判的声音

(1)闭上眼睛,仔细倾听批判的声音是从哪里传来的,想象声音是高还是低,具体在说些什么。

【例】你听到从身体的斜后方传来了自己的低语:"你就是太纵容自己,才会失败。"

↓

(2) 降低批判声音的音量,使其听起来像从远处传来。

【例】试着想象发出声音的地方离你很远,你听到的声音很微弱。

↓

(3) 变换批判声音的音色,将其想象成某个卡通人物或机器人的声音。

【例】想象有一个机器人正在远处向你发出批判的声音。

↓

(4) 如果你在听到变化的批判声音后心情舒缓一些,并能接受有效的建议,就表示方法奏效了。

【例】想象一个机器人正站在离你很远的地方责备你,这时你觉得这声音给你的印象和感觉与以前完全不同,心情也不再像以前一样难过,而是变得平静,并开始思考失败的真正原因,坦率地接受对自己有效的建议。

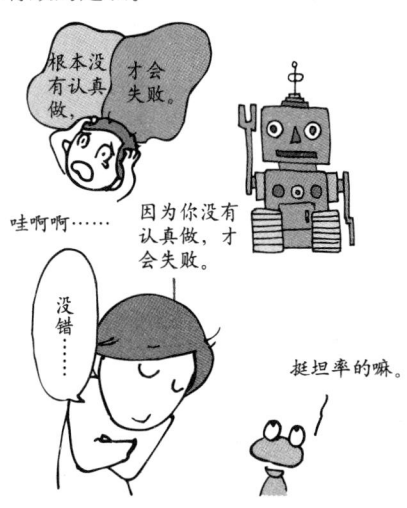

以感谢之心告别坏习惯——六阶段换框法

改变坏习惯的方法

每个人多少都有自己特定的行为与习惯。不管我们觉得自己的某种习惯很好还是一直想要改变,在NLP中,这些行为、习惯都有它自身的积极意义。

因此,对于不好的习惯,我们不能强硬地改变它,而是要用其他的方式来弥补那些积极的意义。

在NLP中,应对坏习惯的技巧一共有6个步骤,被称为"六阶段换框法"或"六步骤换框法"。

练习六阶段换框法

(1)确定一个自己想要改变的行为、习惯。

【例】P面对异性时总是紧张得说不出话来。

↓

(2)找出是身体的哪个部位阻碍了自己改变这个行为,并试着和它沟通。如果能顺利沟通,一定要向它表达感谢。如果无法确定的话,想办法寻找哪个部位最能感受到这个行为。一旦锁定部位,沟通就能顺利进行。

【例】P一直搞不清楚是哪个部位不能让自己自然地和异性交流，于是他试着寻找自己在面对异性时身体感到最紧张的地方，结果发现是胸口。于是他试着与它沟通，并表达了谢意。

↓

(3) 向它询问自己想要改变的行为、习惯有哪些积极的意义。了解积极的意义后，再次向它表达谢意。

【例】P问道："我每次面对异性时都紧张得说不出话来，这有什么积极的意义吗？"它回答："因为你太兴奋了，想在异性面前呈现自己最完美的一面。"听到这样的回答，P明白了之所以会紧张得说不出话，是因为身体想要帮自己维持形象、隐藏心情，于是向它表达了感谢。

↓

(4) 针对身体的回应，思考3个以上能够满足、弥补这种积极意义的方法。

【例】P思考了一会儿后，想出3个方法：就算不主动聊天，也可以用点头的方式回应对方；看着对方时，试着露出笑容；先试着和公司里年纪比自己小一点的异性聊天。

↓

(5) 确认身体的部位能否接受上一步你想出的3种方法（通过尝试新的方法，看看能否取代想改变的行为）。

【例】向身体部位确认是否能够接受那3种方法，如果有的方法无法接受，就必须想出其他方法，直到它能够接受为止。

↓

（6）确认身体除了这个部位之外，其他的部位以及周围的人和环境等是否都能接受这 3 种方法 [即生态确认（ecological check）]。

【例】确认身体其他部位、周围的环境和人能否接受这 3 种方法。如果都能接受的话，就表示方法发挥了效果。如果出现问题，必须提出新的方法。如此一来，P 总算解决了所有问题。

另外，你还可以想象以后自己再面临这种情况时会采取什么样的行动来应对，这个步骤在 NLP 中被称为"模拟未来"。这么一来，你就不用担心以后会再遇到同样的问题了。

以现在的自己为中心，设定过去与未来

大脑有自己的"时间线"

对于过去发生及未来将要发生的事情，我们的大脑有一个方向上的编码，在 NLP 中被称为"时间线"(time line)。

大脑存储着我们对过去、现在和未来的记忆。也许你无法理解什么是未来的记忆，其实所谓未来的记忆，是指能够预想到未来发生的一些事情，甚至能看到从现在到未来一段时间内的具体场景。

因此，大脑将我们从过去到现在再到未来的记忆串联起来，就形成了一条隐含的线，我们可以在其中自由穿梭和回顾，这就是时间线。它可以帮助我们重新改写对过去、现在和未来的体验。

每个人都拥有属于自己的时间线。想一想，你昨天早上在哪里，感受到了什么，或 3 天前、1 个月前甚至半年前的早上在哪里，做了什么，有什么感受……将这些回忆用一条线串联起来。面对未来时，你的时间线也是用同样的方法建立的。

练习时间线

其实，坐着就能练习时间线技巧。不过这里我要介绍一种能更加切实地感受时间线并游走于时间线的方法。

举个例子，N进公司已经5年了，他对未来感到茫然，有点想换工作。那么，他该怎么运用时间线技巧改变现状呢？

（1）面朝前方站起来，想象自己进入了时间线状态：设定脚下站的地方是"现在"，前方是"未来"，后面则是"过去"。

↓

（2）为了找回过去对自己而言十分重要的资源，往后退几步。退几步都可以，由你的潜意识判断，直到你认为已经"回到过去"。然后，切实感受自己当时的情景和体验，并设定心锚。

【例】为了找回对工作的热情，N从现在站的位置往后退一步，回到了自己刚进公司的时候。那时他还需要前辈的指导，在一步步的摸索中逐渐对工作产生了兴趣。N进入了当时的状态，随后设定了随时都能感受那时那股冲劲的心锚。

↓

（3）往前走，回到自己现在的位置。

↓

（4）往前走几步，进入"未来"。走的步数也由你的潜意识判断，当然你也可以预先设定走几步。用五感充分感受未来的状态，然后转身，面朝后方，大声鼓励现在的自己，并给予建议。

【例】N从现在的位置往前走了一步，想象自己正处在未来，看到了工作严谨的领导、努力给自己加油打气的新人，再一次感受到了职场的活力。他鼓励自己也要向他们学习，认真地看待工作。他明白应该怎么做时，向右转身，给现在的自己提出了建议。

↓

(5) 再一次面朝前方，回到"现在"，然后将从过去带来的资源以及在未来的体验和获得的信息，全部告诉现在的自己。如果能将这时体验到的内容和信息记录下来，效果更显著。

【例】N将从过去找回的干劲与未来的体验全部吸收，然后精神百倍地投入工作。

改写过去，不好的回忆也有积极的作用

不管是谁，多少都有令自己耿耿于怀、懊悔不已的体验或回忆。但是，利用时间线回到当时的体验来改写过去，我们便能发现过去没有意识到的积极作用。

练习改写过去的时间线

N有个从学生时代就认识的朋友，可两人因为工作上的事发生了争吵，结果谁也拉不下脸和好，从此不再来往。N一直对这件事耿耿于怀。

我们就以此例说明改写过去的方法吧。

(1) 参考本书第190页，想象时间线。

↓

(2) 从现在的位置往后退，退到能够回到过去那件事的地方，然后进入你想改写的体验的状态。

【例】N从现在的位置往后退，回到与朋友发生争执的场景，

然后进入那时的状况与情绪。

↓

(3) 往旁边走一步，以旁观者的立场看待这个情况，让时间线从结合状态变成分离状态。

【例】N 往时间线的左边（或右边）跨一步，客观地看待两人争吵的情况，然后观察和思考一下自己应该采取哪些行动。

↓

(4) 再回到时间线中央，回到离你想改写的事情稍微靠前一点的位置（也就是回到事情发生之前），一边想象自己该采取哪些正确的行动，一边往前走（事情开始慢慢发生）。

【例】N 回到与朋友发生争执前的时间线。一边留意自己不要说出会引发误会的话语，一边体验两人在一起的融洽氛围。N 改写了过去，往前走回到现在的位置，顿觉豁然开朗，也知道了下一步应该怎么办。

↓

（5）确认自己的行动是否改写了过去与现在。必要的话，你也可以想象未来遇到同样状况时应当采取什么行动。

想象未来的自己如何行动——模拟未来

回到未来的时间之旅

到这里,本书介绍了各种 NLP 技巧。有些技巧能让你变成理想的自我,帮助你早日实现梦想;有些则能够在你困惑时,瞬间给你信心。

不过,还有一个必学的技巧,那就是"模拟未来"。

所谓模拟未来,我已经在前面提过,它指的就是灵活运用各种 NLP 技巧,想象自己将来遇到同样的状况时会采取什么样的行动。

通过这种技巧在想象中不断地排练自己的行动,你将来遇到这种状况时,便能从容地应对和解决问题。

模拟未来能够具体地掌握未来将会发生的状况,在应用过程中能帮你离想达到的目标越来越近。

练习模拟未来

在运用模仿、设定心锚和改变次感元等 NLP 技巧后,现在要进行的是确认未来的自己面对某种状况时会怎么行动。然后使用 VAK,充分感受在未来的体验中看到、感觉到的东西。闭上眼也许更容易想象。

【例1】 P小姐使用某种NLP技巧想象将来自己会谈一场美好的恋爱。于是，她使用模拟未来的技巧来体验将来的事。她听到了朋友的祝贺声和欢笑声，还看到朋友在烛光映照下的笑脸，内心感到无比喜悦与幸福。

【例2】 L每次开会做报告时，总是低着头，讲话声音很小，一副缺乏自信的样子。然而他学会NLP技巧后，终于多了几分自信。明天又有一场会议要做报告，于是L使用了模拟未来的技巧。通过想象下一次做报告要面临的状况，L感受到了开会时的气氛，也看到了领导和同事的表情，甚至还听到翻阅文件的声音。于是，在正式做报告前他做了个深呼吸，自信满满，只见原本板着脸的领导竟然露出听得津津有味的表情。L的脸涨得越来越红，显得十分激动。他结束报告后，深呼一口气，顿时响起一阵如雷的掌声。

消除"恐惧症"

消除"恐惧症"的方法

在 NLP 中,提振精神、找回活力的最佳方法就是"消除恐惧症"。

所谓恐惧症,就是对某种特定的事物和场景感到极度恐惧。它往往伴随着让人感到害怕、痛苦的画面,并唤醒内心的过往体验和情绪。换句话说,恐惧症就是设定了强烈负面的心锚。

NLP 创始人理查德·班德勒发明了一种用 10 分钟消除长期困扰自我的恐惧症、找回活力的方法。这个方法就是利用大脑能够迅速传送信息的特性,在脑海中边回想画面边将其转成黑白画面,然后像看电影一样将其倒回去、快速播放。

不过,使用这个技巧必须要经过持续的练习,具备一定的专注力,而且一定要使用正确的话语,因此我建议还是先多参加讲座,累积经验比较好。

练习消除恐惧症

这个方法最好在伙伴(最好是 NLP 的执行师)的导引下进行。

(1)请伙伴帮你设定一个安心的心锚,确认自己能够控制脑海中放映的画面。

↓

(2)想象自己坐在电影院,并看着坐在观众席上的自己(分离状态)。

↓

(3)回想让自己感到恐惧的经历,从事情发生之前开始,到事情结束、自己的状态恢复平稳为止,并将其想象成一段黑白影片,投射到想象的荧幕上开始放映。

↓

(4)想象自己和影片中的自己结合,待影片放映完毕后,再次以彩色、快速的方式从影片的最后一幕倒回最开头的地方(比如以3倍速播放)。

↓

(5)重复练习,直到确认自己不再感到恐惧为止。

分离②　　　分离①

灵活运用 NLP

NLPer 活跃的领域

将 NLP 技巧运用到生活中的人,称为"NLPer"。他们活跃的领域十分广泛,以商业、教育、医疗、心理、艺术等领域为主。

目前,日本各地都有开设与 NLP 相关的讲座。另外,NLP 也被应用于体验营和职场心理治疗等方面,还有专门以取得 NLP 认证资格为目的的课程。

灵活运用 NLP 的益处

- 人际关系更加和谐。
- 和初次见面的人很快建立信赖关系。
- 沟通能力得到提升。
- 确立明确的目标,并早日实现。
- 通过谈话帮助他人察觉内心真正的想法。
- 解决棘手的问题。
- 稳定因为恐惧而感到不安的情绪。
- 提升自己的企划能力与销售实力。

虽然取得认证资格与实践 NLP 是两回事,但参加相关讲座并接受 NLP 执行师的教导,的确是学习 NLP 的一条捷径。

若想取得NLP执行师的认证资格，必须参加协会认可的课程。请务必寻找适合自己的课程，确认清楚各种授课事项。

将NLP应用于日常生活

觉得身心疲乏、提不起劲时，或者身边的亲朋好友感到烦恼、痛苦时，不管什么情况，无论何时何地，你都能运用NLP。

只要逐步实践NLP，也许你能发现自己更多的优点，发现它们原来都是自己的天赋特质。

通过解除限制自我的束缚，你就能找回原来的自己。

NLP只是一项工具，真正最美好的就是——你自己。

NLP 术语一览表

NLP (neuro linguistic programming)

neuro linguistic programming 译为神经语言程序学。

理查德·班德勒与约翰·格林德以"神经（大脑）与语言交互作用来决定行动"的理论为基础，于20世纪70年代将其系统化。他们研究了心理治疗领域三位大师的治疗方法（发明完形疗法的弗里茨·珀尔斯，主张家族疗法的维吉尼亚·萨提亚，以及推行催眠疗法的米尔顿·埃里克森），继而发明了这套模式。

Yes Set

指通过不断提问对方一定会回答"Yes"的问题，慢慢地导引至其他方向的方法。这是一种让对方不断回答"Yes"而很难说"No"的沟通方法。

一般化 (generalization)

指将特定的一部分经历和体验以偏概全，视为一般经历来处理的过程。

五感 (five senses)

指视觉、听觉、触觉、嗅觉和味觉。

分离（dissociation）

指以旁观者的身份来看待某件事。（参考"结合"）

心锚（anchor）

人通过五感接收的某种信息和行为会引发自身产生另一种特定行为，并触发相关的记忆或情绪乃至引起冲动，成为一种条件反射。心锚可以自然地发生，也可以下意识地设定。比如，面临某些特殊的情况时，人的内心会有声音提醒自己注意如何行动等。

打破状态（break state）

人处于某个内心状态（信念、思想及情绪）而导致事情不能顺利进行或对当下状况有负面影响时，可通过一些言语或行为快速改变自己内心的状态。

生态确认（ecological check）

确认某种方法或行为会带给每个部分与周围的环境和人们怎样的影响。一旦有不合理的情况发生，就必须想出其他应对措施。

回应（feedback）

发生某种情况时对其加以分析，找出需要改善的地方，帮助对方达到更好的状态。

次感元（submodalities）

指表象系统中十分微小的次要要素。视觉的次感元有颜色、形状、动作、明亮度、距离等；听觉的次感元有音量、音调、节奏等；触觉的次感元有压力、温度、触感等。

米尔顿模式（Milton model）

指一种和潜意识直接沟通的非说教式的沟通方式。借助对话来让对方充分解释自己的想法，产生信念，并将其一般化。"米尔顿语言"是催眠师米尔顿·埃里克森在为他人催眠时通常使用的系统化语言。

删除（deletion）

指用语言描述某种体验时，只能传递一部分信息，许多信息往往会被删除。

扭曲（distortion）

人往往会根据自己的主观意识来看待世界，然后以歪曲事实的方式来解读，这样就会将原本客观的信息"扭曲"。

批判的声音（critical voice）

指人的内心有批判自我的声音。人通过改变这种声音的次感元，想象批判的声音变弱，从而能够勇敢地面对内在的自我批判，并接受有效的建议。

改变立场（position change）

指改善与他人、自己的关系的一种方法，通过进入自己以外的立场，客观地观察自己和对方。进入状态的对象可以是任何人，或身体的任何部位。通过想象中的互动，人们能找出解决问题的方法。

良好的关系（rapport）

指人际关系处于相互信赖、和谐的状态。

身心资源状态心锚（resource anchor）

指一种能够瞬间唤起必要资源的基本设定心锚技巧。

状态（state）

指选择进入某种特定感觉状态的技巧。

空间心锚（spacial anchor）

指在某个空间设定心锚，以导引自己和对方、听众进入某种特定状态为目的。

表象系统（representational system）

指用五感获取信息和表达的方法。表象系统共有 5 种：视觉、听觉、触觉、嗅觉、味觉，按照顺序取英文首字母，以"VAKOG"表示。嗅觉与味觉涵盖于触觉中，因此多以"VAK"表示表象系统。

非语言（non-verbal）

指语言以外的信息，包括表情、动作、姿势、呼吸和声调等。

信念（beliefs）

指对自己的认知和对事物的看法。

度测（calibration）

指从语言和非语言的要素观察对方，比如，观察对方的身体姿势、视线、呼吸、音调等。通过度测能更加了解对方的状态，使沟通更顺利。

后设模式（meta-model）

指通过提问还原被删减、扭曲、一般化后的模糊信息。后设模式可以具体化、明确对方表达的内容，突破限制性信念。后设模式是 NLP 最早开发的模式。

恍惚状态（trance）

指人的意识在催眠下进入的状态。在意识不会被打扰的状况下，人处于这种状态能够以无意识找出解决问题的机会与线索。

映现（mirroring）

指模仿对方的说话方式、身体姿势、动作等，像照镜子似的配合对方的一举一动。

重叠心锚（stacking anchors）

指通过累积予以强化，让两个以上的理想资源能够同时设定心锚的方法，又被称为"累积心锚"。

时间线（time line）

我们对过去、现在、未来的记忆，以图像、声音等方式储存在大脑中。大脑将我们从过去到现在再到未来的记忆串联起来，就形成了一条隐含的线，这就是"时间线"。

闪变模式（swish pattern）

指利用次感元，让大脑呈现理想状态的方法，能够有效地将不好的习惯和行为调整为积极的行为。

将对象和状况予以概括化（chunking）

"chunk"就是将对象和状况予以概括化的意思。为了能够综观事物全貌而将信息一般化、模糊化，称为"上推"。相反，缩小区分范围，信息变得明确、具体，称为"下切"。此外，还有以持平状态处理信息的"平行"。

通用词汇（universal word）

也称"一般语言"，它和优势表象系统没有关系，是可以让倾听者依靠自己的体验和感觉来理解的话语。

连动心锚（chaining anchors）

指使多个理想状态同时出现的技巧。人们联结多个心锚，通过连续启动一口气达到理想状态。

部位（parts）

指引发人的内在行为与情绪的特定身体部位。

换框法（reframing）

指通过改变捕捉特定的信息或行为，进而改变观点和想法的过程，粗略分为环境换框法和意义换框法。

策略（strategy）

亦称"战略"，指为了达成目标所实行的一系列积极的步骤。

结合（associated）

自我完全进入某种体验和记忆中，也就是以主观的角度看待某件事。（参考"分离"）

视线解读（eye accessing cues）

也称"眼睛解读线索"，指观察视线的移动方向。一般习惯使用右手的人的视线移动规律是：视线往左上方移动表示正在回忆过去的经历，往右上方移动表示正在创造视觉想象，往左边平移表示正在回想听过的声音，往右边平移表示正在想象没有听过的声音，往左下方表示表示有心理活动，往右下方表示正在解读身体的感觉。习惯用左手的人的视线移动规律正好相反。

视觉心锚（visual squash）

由折叠心锚变化而来，指以视觉想象整合两种不同的情绪与行为，并进行导引、中和第三种行为选择的技巧。

催眠诱导（hypnosis induction）

指一种导引人进入恍惚状态的方法。人处于恍惚状态时，无意识比较容易显现，而且也比较容易传递让对方进入更好状态的信息。

滑动心锚（sliding anchor）

指通过滑动设定心锚的位置，改变感觉和体验的次感元。滑动时如果发出声音，效果会更好。

资源（resources）

指任何可被用来导引对方达到目标的事物：生理反应、状态、想法、策略、经验、人、体验等。

跟随（pacing）

为了迅速建立良好的关系，倾听者配合说话者，如配合对方的语言、身体姿势、动作、表情、行为等，通过跟随进行导引。

违反后设模式（reverse meta model）

使用米尔顿模式来表达的方式，主要有以下类型：

1.单纯删除；2.比较删除；3.主语模糊；4.未明确的动词；5.名词化；6.因果关系；7.复合性相等；8.臆测；9.判断；10.概括性用语；11.必要性／可能性的语态操作词；12.前提。

折叠心锚（collapsing anchors）

又被称为"压缩心锚"或"中和心锚"，指同时启动两种不同的心锚，组合两种内在的感觉消除负面的因素。

模仿（modeling）

指观察他人的成功模式与行为，尝试仿效其过程的方法，以此分析人的行为、生理反应、观念、价值观、内在状态与策略等。

模拟未来（future-pace）

也称"跟随未来"，指想象将来面临同样的状况时会采取什么样的行动。

复诵（backtrack）

指选取对方说话内容的关键字来回复，通常用于建立、重建或改善人际关系。

导引（leading）

指一边维持良好关系，一边导引对方向期望的目标努力。和跟随一样，导引也是 NLP 的基本要素。

优势表象系统(preferred system)

指优先利用某些感觉(比如视觉、听觉和触觉)来处理、系统化自己的体验。

类比记号(analog marking)

指使用非语言的手段来强调信息,如说话时可以控制声音大小、音调、语速以及肢体动作等。